目次

成績アップのための学習メソッド ▼2〜5

学習内容

効率よく勉強して
テストでいい点を取ろう

成績アップのための学習メソッド

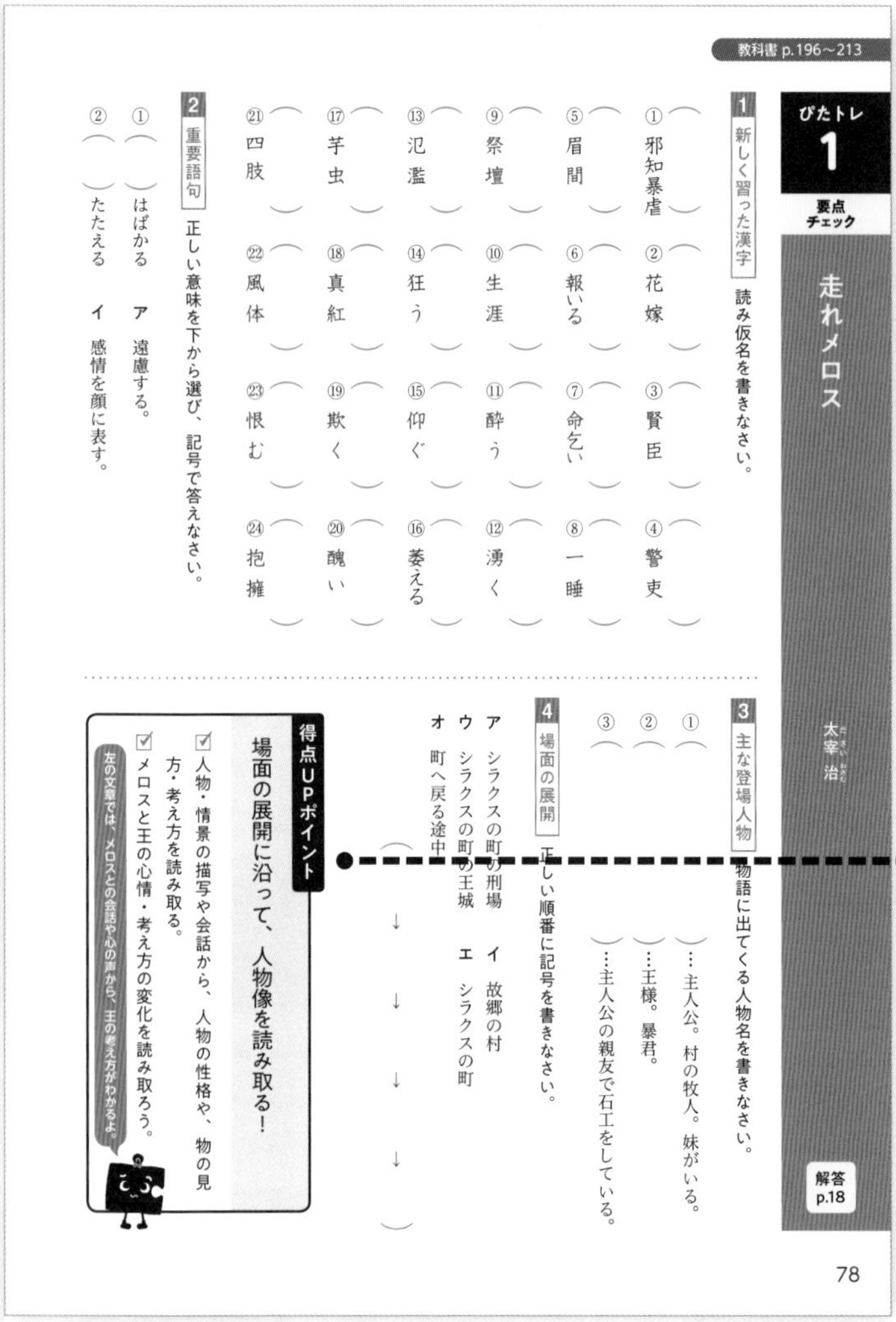

ぴたトレ1

要点チェック

教科書の教材についての理解を深め、基礎《きそ》学力を定着させます。

言語知識の確認

教科書の新出漢字・重要語句が順番にのっています。

読解教材の基礎知識

登場人物や段落分けなどを問題形式で確認できます。

得点UPポイント

国語の力が付くように、文章読解する際のポイントを示しているよ!

スタートアップ

教材の要点や覚えておくべき文法《ぶんぽう》事項《じこう》をまとめているよ!

リー子

学習メソッド

STEP1

ノートを整理・確認

定期テストでは授業で取り上げた内容が出やすい。板書を見直して重要なところをおさらいしよう。

←

STEP2

基礎を固める

テスト期間が始まったら、まずはぴたトレ1で教材の要点や文法、新出漢字を復習しよう。

問題を解くのに時間はかけず、横にノートを置いてこまめに確認しながら問題を解いていこう。

←

STEP3

新出漢字を集中特訓

教科書で習った順にまとめられた別冊「mini book」を使って、漢字はすべて書けるように練習しよう。

ぴたトレ2

練習

短い文章問題や言語問題を解いて、
理解力や応用力を高めます。

文章読解の練習

文章読解では500字程度の短い文章をすばやく読む練習をします。

文法問題の練習

文法問題ではテストに出やすい問題を中心にまとめています。

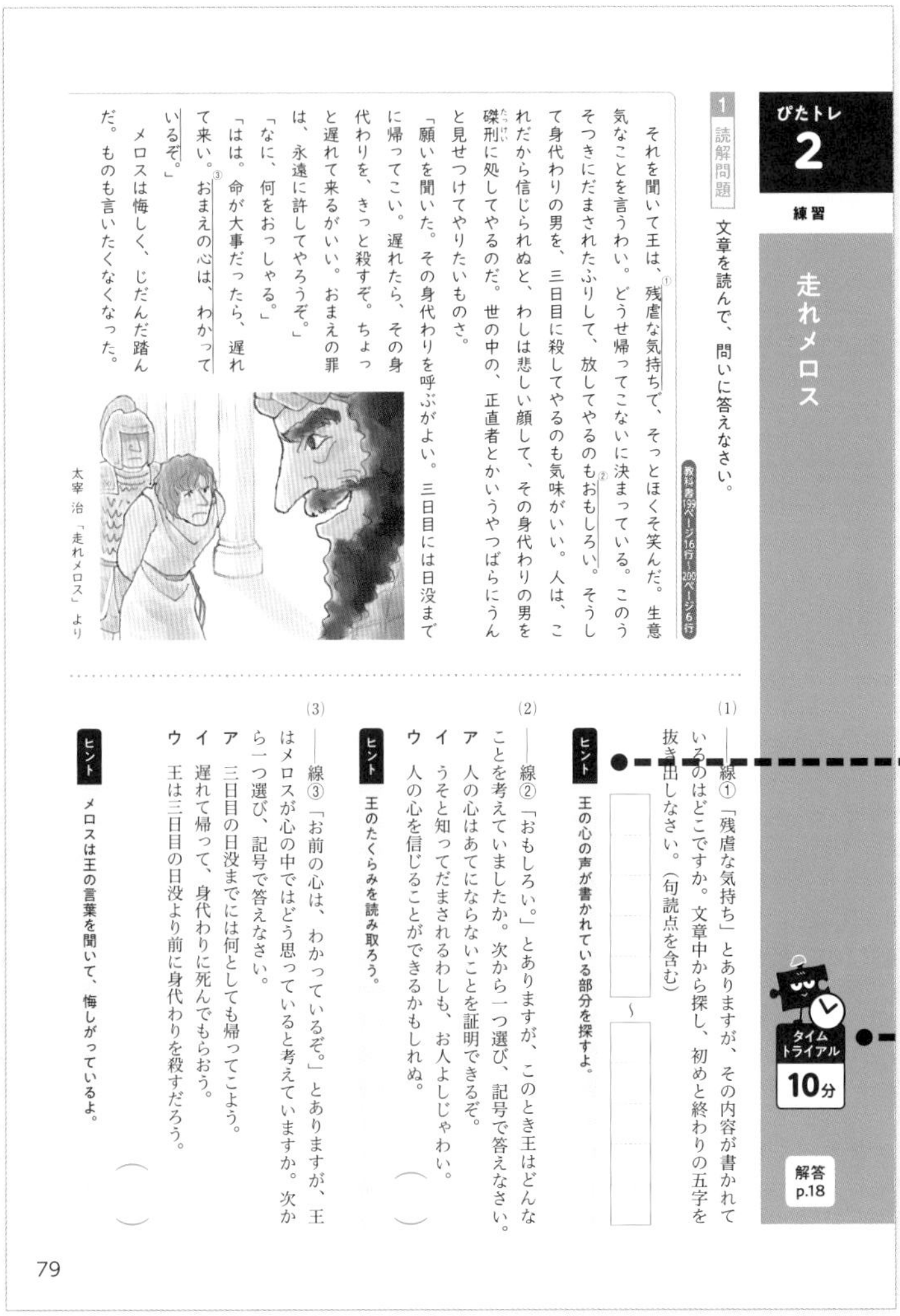
ぴたトレ2 練習

走れメロス

1 読解問題 文章を読んで、問いに答えなさい。 教科書199ページ16行～200ページ6行

それを聞いて王は、①残虐な気持ちで、そっとほくそ笑んだ。生意気なことを言うわい。どうせ帰ってこないに決まっている。このうそつきにだまされたふりして、放してやるのも②おもしろい。そうして身代わりの男を、三日目に殺してやるのも気味がいい。人は、これだから信じられぬと、わしは悲しい顔して、その身代わりの男を磔刑《たっけい》に処してやるのだ。世の中の、正直者とかいうやつばらにうんと見せつけてやりたいものさ。

「願いを聞いた。その身代わりを呼ぶがよい。三日目には日没までに帰ってこい。遅れたら、その身代わりを、きっと殺すぞ。ちょっと遅れて来るがいい。おまえの罪は、永遠に許してやろうぞ。」

「なに、何をおっしゃる。」

「はは。命が大事だったら、遅れて来い。③おまえの心は、わかっているぞ。」

メロスは悔しく、じだんだ踏んだ。ものも言いたくなった。

太宰 治「走れメロス」より

(1) ――線①「残虐な気持ち」とありますが、その内容が書かれているのはどこですか。文章中から探し、初めと終わりの五字を抜き出しなさい。（句読点を含む）

ヒント 王の心の声が書かれている部分を探すよ。

(2) ――線②「おもしろい。」とありますが、このとき王はどんなことを考えていましたか。次から一つ選び、記号で答えなさい。

ア 人の心はあてにならないことを証明できるぞ。
イ うそと知ってだまされるわしも、お人よしじゃわい。
ウ 人の心を信じることができるかもしれぬ。

ヒント 王のたくらみを読み取ろう。

(3) ――線③「お前の心は、わかっているぞ。」とありますが、王はメロスが心の中ではどう思っていると考えていますか。次から一つ選び、記号で答えなさい。

ア 三日目の日没までには何としても帰ってこよう。
イ 遅れて帰って、身代わりに死んでもらおう。
ウ 王は三日目の日没より前に身代わりを殺すだろう。

ヒント メロスは王の言葉を聞いて、悔しがっているよ。

タイムトライアル 10分

解答 p.18

79

ヒント

問題を解くうえでの注意点やポイントを示しているよ!

タイムトライアル

時間を意識して文章を読もう。
目標タイムはクリアできるかな。

学習メソッド

STEP1 教科書の文章を読む

文章を少なくとも2回は音読してどんな内容が書かれているのか、頭のなかでイメージできるようにしておこう。

STEP2 時間を計って問題を解く

ぴたトレ2の文章には目標時間が設定されている。時間を意識してすばやく解く練習をしよう。

STEP3 もう一度解き直す

解いた後に音読をしてからもう一度解けばより理解が深まる。

定期テストで点を取るためには教科書の文章を何度も「音読すること」が大切だよ。
テストのときに文章を読まなくても解けるくらいに、教材の内容をしっかり頭に入れておこう!

ター坊

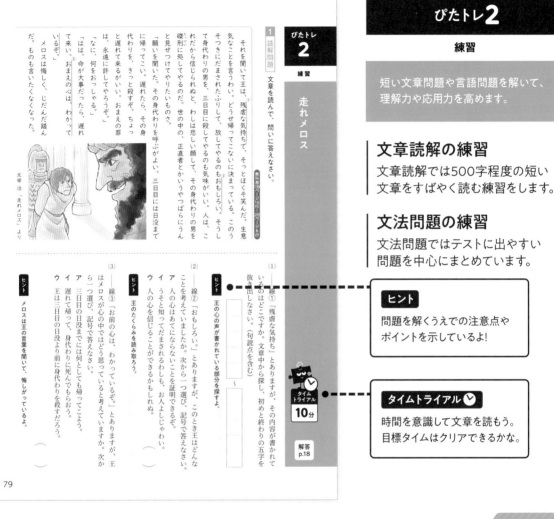

ぴたトレ **3**

確認テスト①

走れメロス

1 思考・判断・表現 文章を読んで、問いに答えなさい。 教科書207ページ15行〜209ページ3行

道行く人を押しのけ、跳ね飛ばし、メロスは黒い風のように走った。野原で酒宴の、その宴席の真っただ中を駆け抜け、酒宴の人たちを仰天させ、犬を蹴飛ばし、小川を飛び越え、少しずつ沈んでゆく太陽の、十倍も速く走った。一団の旅人とさっと擦れ違った瞬間、①不吉な会話を小耳に挟んだ。「今頃は、②あの男も、はりつけにかかっているよ。」ああ、その男、その男のために私は、今こんなに走っているのだ。その男を死なせてはならない。急げ、メロス。遅れてはならぬ。愛と誠の力を、今こそ知らせてやるがよい。風体なんかはどうでもいい。メロスは、③今は、ほとんど全裸体であった。呼吸もできず、二度、三度、口から血が噴き出た。見える。はるか向こうに小さく、シラクスの町の塔楼が見える。塔楼は、夕日を受けてきらきら光っている。

「ああ、メロス様。」うめくような声が、風とともに聞

(1) ——線①「不吉な会話を小耳に挟んだ。」とありますが、このときのメロスの思いが書かれた部分を文章中から探し、初めと終わりの四字を抜き出しなさい。（句読点を含む。） 10点

(2) ——線②「あの男」とは、誰ですか。名前を答えなさい。 10点

(3) ——線③「今は、ほとんど全裸体であった。」とありますが、この他にもメロスが命懸けで走っている様子がわかる一文を文章中から探し、初めの六字を抜き出しなさい。 10点

よく出る

(4) ——線④「赤く大きい夕日ばかりを見つめていた。」とありますが、このときのメロスはどんな気持ちでしたか。次から一つ選び、記号で答えなさい。 10点

ア 今は走り続けるしかないという強い気持ち。

イ 走ることは無駄になるかもしれないという不安な気持ち。

ウ 恨み言を並べるフィロストラトスにいらだつ気持ち。

(5) ——線⑤「刑場に引き出されても、平気でいました。」とありますが、なぜ平気だったのですか。 10点

(6) ——線⑥「王様がさんざんあの方をからかって」とありますが、王様はどんなことを言ったと考えられますか。次から一つ選び、記号で答えなさい。 10点

ア メロスがどんな姿で帰ってくるか楽しみだ。

イ メロスはお前が思うより早く帰ってくるかもしれないな。

ウ メロスが帰ってくると信じているなんて、お前はどうかしている。

考える

(7) ——線⑦「もっと恐ろしく大きいもの」とありますが、それは何ですか。二十五字程度で答えなさい。 20点

時間20分

／100点

合格75点

解答 p.18

80

ぴたトレ3

確認テスト

テストでも出題されやすいところを実戦形式で解く実力確認問題です。

実戦的な出題

文章はテストによく出る部分を厳選しています。

豊富な記述問題

自由記述の問題が多いですが、答えにはほぼすべての問題の解説がのっています。

よく出る

定期テストに出題されやすい問題だよ!

考える

自分の考えや意見、感想を書く問題だよ!

学習メソッド

STEP1

応用力を身につける

ぴたトレ3では記述問題を中心に難易度の高い問題が出題される。時間を計って実力を確認しよう。

←

STEP2

理解を深める

間違えた問題は必ず解答解説を確認して、本番でも解けるように理解を深めておこう。

←

STEP3

本番前の最終確認

巻末の「定期テスト予想問題」をテスト直前に解いておこう。

余裕《よゆう》があれば音読をもう一度、新出漢字はmini bookを確認して確実に得点できるようにしよう。

ぴたトレ3には「観点別評価」も示されてるよ! これなら内申点も意識できるね!

ピー助

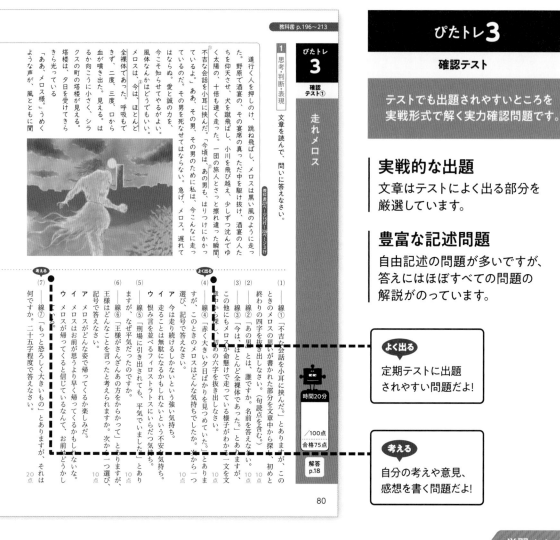

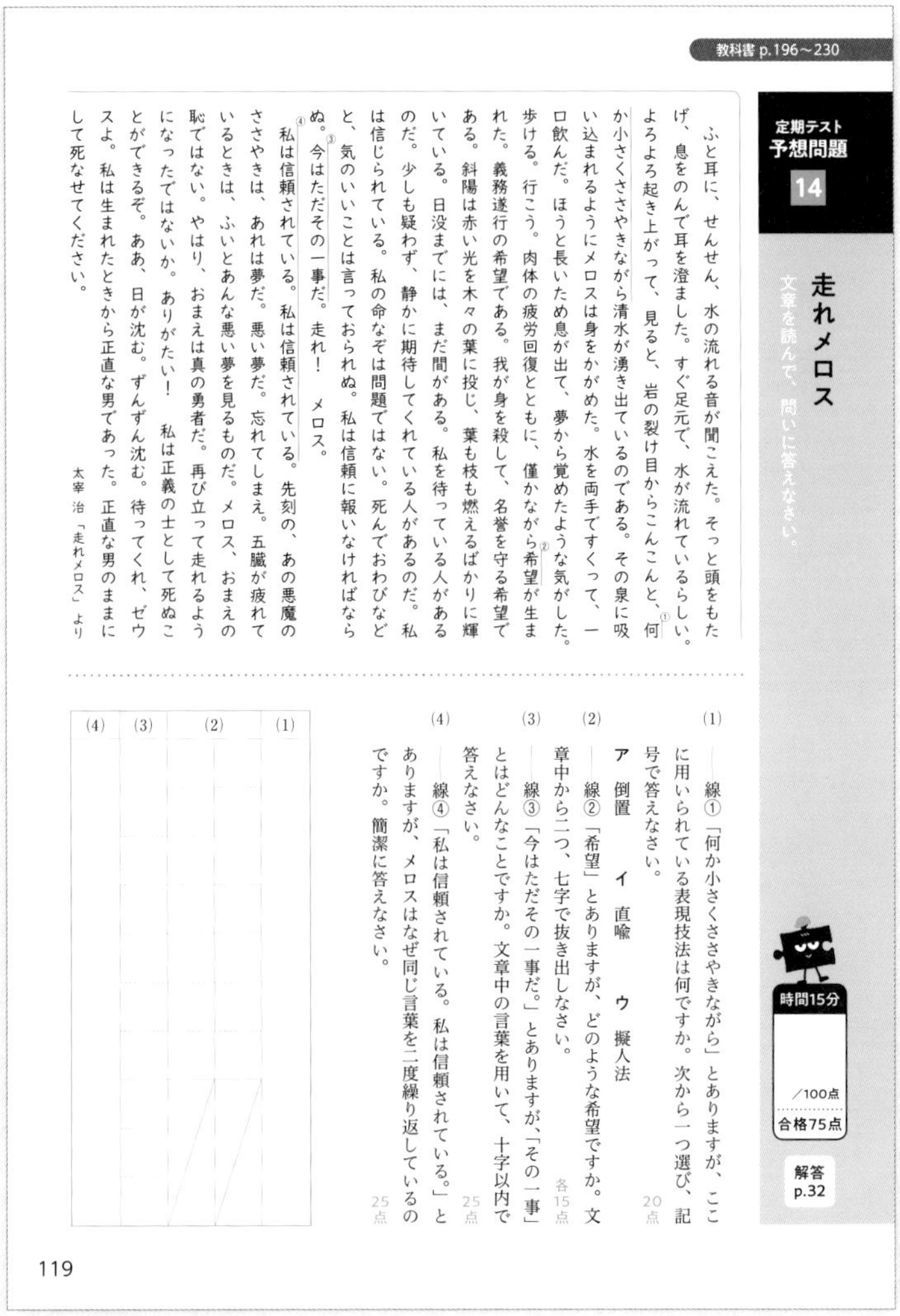
教科書 p.196〜230
定期テスト予想問題 14
走れメロス
文章を読んで、問いに答えなさい。
ふと耳に、せんせん、水の流れる音が聞こえた。そっと頭をもたげ、息をのんで耳を澄ました。すぐ足元で、水が流れているらしい。よろよろ起き上がって、見ると、岩の裂け目からこんこんと、①何か小さくささやきながら清水が湧き出ているのである。その泉に吸い込まれるようにメロスは身をかがめた。水を両手ですくって、一口飲んだ。ほうと長いため息が出て、夢から覚めたような気がした。歩ける。行こう。肉体の疲労回復とともに、僅かながら②希望が生まれた。義務遂行の希望である。我が身を殺して、名誉を守る希望である。斜陽は赤い光を木々の葉に投じ、葉も枝も燃えるばかりに輝いている。日没までには、まだ間がある。私を待っている人があるのだ。少しも疑わず、静かに期待してくれている人があるのだ。私は信じられている。私の命なぞは問題ではない。死んでおわびなど、気のいいことは言っておられぬ。私は信頼に報いなければならぬ。③今はただその一事だ。走れ！ メロス。
④私は信頼されている。私は信頼されている。先刻の、あの悪魔のささやきは、あれは夢だ。悪い夢だ。忘れてしまえ。五臓が疲れているときは、ふいとあんな悪い夢を見るものだ。メロス、おまえの恥ではない。やはり、おまえは真の勇者だ。再び立って走れるようになったではないか。ありがたい！ 私は正義の士として死ぬことができるぞ。ああ、日が沈む。ずんずん沈む。待ってくれ、ゼウスよ。私は生まれたときから正直な男であった。正直な男のままにして死なせてください。
太宰 治「走れメロス」より
(1) ——線①「何か小さくささやきながら」とありますが、ここに用いられている表現技法は何ですか。次から一つ選び、記号で答えなさい。 20点
ア 倒置　イ 直喩　ウ 擬人法
(2) ——線②「希望」とありますが、どのような希望ですか。文章中から二つ、七字で抜き出しなさい。 各15点
(3) ——線③「今はただその一事だ。」とありますが、「その一事」とはどんなことですか。文章中の言葉を用いて、十字以内で答えなさい。 25点
(4) ——線④「私は信頼されている。私は信頼されている。」とありますが、メロスはなぜ同じ言葉を二度繰り返しているのですか。簡潔に答えなさい。 25点
時間15分
／100点
合格75点
解答 p.32
(1)
(2)
(3)
(4)
119

定期テスト
予想問題

テスト直前に解くことを意識した1ページ完結の実力テスト問題です。

- 全15回収録のテスト問題です。
- 読解問題を中心に、教材によっては文法問題も出題されます。

通知表と観点別評価

学校の通知表は
- 知識及び技能
- 思考力･判断力･表現力
- 主体的に学習に取り組む態度

といった観点別の評価をもとに作成されています。

本書では、観点別の評価問題を取り上げ、成績に直接結び付くようにしました。

［ぴたトレが支持される3つの理由!!］

1
35年以上続く超ロングセラー商品

昭和59年の発刊以降、教科書改訂《かいてい》にあわせて教材の質を高め、多くの中学生に使用されてきた実績があります。

2
教科書会社が制作する唯一の教科書準拠《じゅんきょ》問題集

教科書会社の編集部が問題集を作成しているので、授業の進度にあわせた予習･復習にもぴったり対応しています。

3
日常学習〜定期テスト対策まで完全サポート

部活などで忙しくても効率的に取り組むことで、テストの点数はもちろん、成績･内申点アップも期待できます。

ぴたトレ 1
要点チェック

世界はうつくしいと

長田《おさだ》　弘《ひろし》

解答 p.1

1 重要語句 正しい意味を下から選び、記号で答えなさい。

① (　　) ためらう
② (　　) 貧しい
③ (　　) 渓谷《けいこく》
④ (　　) きらめく
⑤ (　　) なにげない
⑥ (　　) さらりと
⑦ (　　) 一刻

ア　わずかな時間。
イ　気持ちがまとまらなくて迷う。
ウ　きらきらと光り輝く。
エ　気負いやこだわりのない様子。
オ　貧弱である様子。
カ　川が流れている深い谷間。
キ　何の考えや目的もなく振る舞う様子。

2 詩の種類 この詩の次の分類による種類をそれぞれ答えなさい。

① 用語・形式上の分類…(　　)
② 内容による分類　…(　　)

「世界はうつくしいと」は、現代の言葉で書かれ、行数や音数に決まりがないよ。また、作者の心情が描かれているね。

3 反復表現 この詩で繰り返されている言葉を六字で答えなさい。

・□□□□□□

スタートアップ

詩の種類

☑ 用語・形式上の分類
- **口語自由詩**（現代の言葉で書かれ、行数や音数に一定の決まりがない詩。）

☑ 内容による分類
- **叙情詩**…作者の心情を描いた詩。
- **叙事詩**…歴史的な出来事などを、淡々と描いた詩。
- **叙景詩**…風景などを、淡々と描いた詩。

詩に用いられている表現技法

☑ 反復（繰り返し）
- 「うつくしいと。」…繰り返し用いることで、リズムが生まれ、心情が強調されている。
- 「うつくしいものをうつくしいと言おう。」…前半と後半に用いることで、伝えたいこと（主題）を強調している。

☑ 省略
- 「うつくしいと。」…言い切らずに、後を省略することで、省略された言葉が強調され、詩の世界を豊かにしている。

主題

☑ 今生きている日々のうつくしいものをうつくしいと感じ取り、今生きている世界を大切に生きようということ。

世界はうつくしいと

解答 p.1

1 読解問題 教科書の詩を読んで、問いに答えなさい。

教科書 巻頭詩

●教科書 巻頭詩「うつくしいものの……

●教科書 巻頭詩……世界はうつくしいと。」

(1) 5行目「わたしたちの会話は貧しくなった。」とありますが、なぜ貧しくなったのですか。詩の中の言葉を用いて答えなさい。

（　　）

ヒント 直前の「そうして」がどんな内容を受けているか読み取ろう。

(2) 7行目「風の匂い」とは、どんなものですか。詩の中から七字で抜き出しなさい。

ヒント 「風の匂い」は何の例として挙げられているかな。

(3) 8行目の「うつくしいと」の直後に続く言葉を次から一つ選び、記号で答えなさい。

ア 言おう　イ 書こう
ウ 読もう

（　　）

ヒント 6行目に着目しよう。

(4) 23行目「ニュース」とありますが、作者は日々のニュースを何とよぶことに反発を感じていますか。詩の中から八字で抜き出しなさい。

ヒント 「ニュース」を「日々の破片」とも言っているよ。

(5) 29〜30行目「いつか／すべて塵《ちり》にかえる」とありますが、作者は、だからどうしようと言っているのですか。詩の中の言葉を用いて、十五字以内で答えなさい。

ヒント 「だから」に着目し、言葉を補って答えよう。

(6) この詩の主題は何ですか。次から一つ選び、記号で答えなさい。

ア 身近な自然の中にあるうつくしいものをきちんと感じ取り、大切に守っていこうということ。

イ 今生きている日々のうつくしいものをうつくしいと感じ取り、今生きている世界を大切に生きようということ。

ウ 永遠のものなどないのだから、うつくしいと感じたものはすぐに記憶に残さなければならないということ。

（　　）

ヒント 詩の題や、繰り返される「うつくしいと」から考えよう。

ぴたトレ 1 要点チェック

握手

井上《いのうえ》 ひさし

解答 p.1

1 新しく習った漢字　読み仮名を書きなさい。

①（　　）洗濯　②（　　）代物　③（　　）穏やか　④（　　）鶏舎

⑤（　　）爪　⑥（　　）開墾　⑦（　　）監督　⑧（　　）帝国

⑨（　　）泥　⑩（　　）傲慢　⑪（　　）捜す　⑫（　　）分割

⑬（　　）冗談　⑭（　　）遺言　⑮（　　）姓名　⑯（　　）一周忌

⑰（　　）腫瘍　⑱（　　）葬式

2 重要語句　正しい意味を下から選び、記号で答えなさい。

①（　　）達者　　**ア** 別れの挨拶。

②（　　）年季が入る　　**イ** 能力が優れている様子。

③（　　）こたえる　　**ウ** 衝撃を受けて強く感じる。

④（　　）いとまごい　　**エ** 長年打ち込んで熟練する。

3 登場人物　物語に出てくる人物名を書きなさい。

①「（　　）」…物語の主人公。中学三年の秋から高校卒業までを児童養護施設で育つ。

②（　　）…児童養護施設の園長をしていた人。

4 場面構成　それぞれの場面の場所を書きなさい。

①（　　）…二人が初めて出会った場所。

②（　　）…二人が再会した場所。

③（　　）…ルロイ修道士がなくなった場所。

得点UPポイント

行動やしぐさに表れた考えや心情を読み取る！

☑ 指のしぐさによって、ルロイ修道士は自分の考えや心情を伝えている。

☑「わたし」もルロイ修道士をまねて、指のしぐさで心情を伝えている。

☑ 指のしぐさで表していることを読み取ろう。

左の文章では、二つの指のしぐさが出てくるよ。

ぴたトレ 2
練習

握手

タイムトライアル 10分

解答 p.2

1 読解問題　文章を読んで、問いに答えなさい。

教科書17ページ14行～18ページ6行

「日本人は先生に対して、ずいぶんひどいことをしましたね。交換船の中止にしても国際法無視ですし、木づちで指をたたき潰すに至っては、もうなんて言っていいか。申し訳ありません。」

ルロイ修道士はナイフを皿の上に置いてから、①右の人さし指をぴんと立てた。指の先は天井を指してぶるぶる細かく震えている。また思い出した。ルロイ修道士は、「こら。」とか、「よく聞きなさい。」とか言う代わりに、右の人さし指をぴんと立てるのが癖だった。

「総理大臣のようなことを言ってはいけませんよ。だいたい、日本人を代表してものを言ったりするのは傲慢です。それに、日本人とかカナダ人とかアメリカ人といったようなものがあると信じてはなりません。一人一人の人間がいる、それだけのことですから。」

「わかりました。」

わたしは②右の親指をぴんと立てた。これもルロイ修道士の癖で、彼は、「わかった。」「よし。」「最高だ。」と言う代わりに、右の親指をぴんと立てる。そのことも思い出したのだ。

井上　ひさし「握手」〈「ナイン」〉より

(1) ――線①「右の人さし指……立てた。」について、答えなさい。

① この指のしぐさは、ここではどんな意味ですか。文章中から最も適切な言葉を抜き出しなさい。（符号は含まない。）

（　　　）

ヒント　このしぐさの後、ルロイ修道士は「僕」を諭しているよ。

② ルロイ修道士の言葉から、ルロイ修道士のどんな考え方がわかりますか。次から二つ選び、記号で答えなさい。

ア いまさら国際法について言い出しても何の意味もない。
イ 日本人を代表してものを言ったりするのは傲慢だ。
ウ 総理大臣の傲慢な態度をまねてはいけない。
エ その場にいなかった人間には何かを言う資格はない。
オ 日本人とかカナダ人とかの区別はなく、一人一人の人間がいるだけだ。

（　　）（　　）

ヒント　「それに」の前後から一つずつ探そう。

(2) ――線②「右の親指をぴんと立てた。」とありますが、この指のしぐさは、ここではどんな意味ですか。文章中から最も適切な言葉を抜き出しなさい。（符号は含まない。）

（　　　）

ヒント　「わたし」はルロイ修道士の注意を理解したんだね。

ぴたトレ 3
確認テスト①

握手

時間20分
／100点
合格75点
解答 p.2

1 思考・判断・表現　文章を読んで、問いに答えなさい。

教科書20ページ10行～22ページ2行

「仕事がうまくいかないときは、この言葉を思い出してください。『困難は分割せよ。』あせってはなりません。問題を細かく割って、一つ一つ地道に片づけていくのです。ルロイのこの言葉を忘れないでください。」

冗談じゃないぞ、と思った。①これでは、遺言を聞くために会ったようなものではないか。そういえば、さっきの握手もなんだか変だった。「それは実に穏やかな握手だった。ルロイ修道士は病人の手でも握るようにそっと握手をした。」というように感じたが、実はルロイ修道士が病人なのではないか。元園長は何かの病にかかり、この世のいとまごいに、こうやって、かつての園児を訪ねて歩いているのではないか。

「日本でお暮らしになっていて、②楽しかったことがあったとすれば、それはどんなことでしたか。」

先生は重い病気にかかっているのでしょう、そして、これはお別れの儀式なのですねときこうとしたが、③さすがにそれははばかられ、結局は、平凡な質問をしてしまった。

「それはもう、こうやっているときに決まっています。天使園で育った子供が世の中へ出て、一人前の働きをしているのを見るときがいっとう楽しい。何よりもうれしい。そうそう、あなたは上川《かみかわ》君を知っていますね。上川一《かず》雄《お》君ですよ。」

よく出る

(1) ――線①「これでは、……なんだか変だった。」とありますが、このことから「わたし」はどんな疑いをもちましたか。その疑いが書かれた一文を探し、初めの四字を抜き出しなさい。 10点

(2) ――線②「楽しかったこと」とありますが、ルロイ修道士はどんなときが楽しいと言っていますか。文章中から具体的に書かれた一文を探し、初めの十字を抜き出しなさい。 10点

(3) ――線③「さすがにそれははばかられ」とありますが、なぜ質問をはばかったのですか。次の□に当てはまる言葉を四字で書きなさい。 10点

先生は□を覚悟していますね、と聞くようなものだから。

(4) ――線④「もちろん知っている。」とありますが、なぜ「もちろん」と言っているのですか。次から一つ選び、記号で答えなさい。 5点

ア 天使園にいたとき、特別にかわいがっていた子供だから。
イ ある春の朝、上川君を拾ったのは「わたし」だったから。
ウ 上川一雄という姓名は、自分たち天使園にいた中学生、高校生が知恵を絞ってつけた名前だから。

(5) ――線⑤「いっとう悲しいとき」とは、どんなときですか。文章中の言葉を用いて答えなさい。 20点

考える

(6) 「わたし」への助言や、「わたし」の二つの質問に対するルロイ修道士の答えから、ルロイ修道士のどんな人物像が読み取れますか。「天使園で育った子供」「幸福」という言葉を用いて答えなさい。 25点

④もちろん知っている。ある春の朝、天使園の正門の前に捨てられていた子だ。捨て子は春になるとぐんと増える。陽気がいいから、発見されるまで長くかかっても風邪《かぜ》を引くことはあるまいという、母親たちの最後の愛情が春を選ばせるのだ。捨て子はたいてい姓名がわからない。そこで、中学生、高校生が知恵を絞って姓名をつける。だから、忘れるわけはないのである。

「あの子は今、市営バスの運転手をしています。それも、天使園の前を通っている路線の運転手なのです。そこで、月に一度か二度、駅から上川君の運転するバスに乗り合わせることがあるのですが、そのときは楽しいですよ。まずわたしが乗りますと、こんな合図をするんです。」

ルロイ修道士は右の親指をぴんと立てた。

「わたしの癖をからかっているんですね。そうして、わたしに運転の腕前を見てもらいたいのでしょうか、バスをぶんぶん飛ばします。最後に、バスを天使園の正門前に止めます。停留所じゃないのに止めてしまうんです。上川君はいけない運転手です。けれども、そういうときがわたしにはいっとう楽しいのですね。」

「⑤いっとう悲しいときは……？」

「天使園で育った子が世の中に出て結婚しますね。子供が生まれます。ところがそのうちに、夫婦の間がうまくいかなくなる。別居します。離婚します。やがて子供が重荷になる。そこで、天使園で育った子が、自分の子を、またもや天使園へ預けるために長い坂をとぼとぼ上ってやって来る。それを見るときがいっとう悲しいですね。なにも、父子《おやこ》二代で天使園に入ることはないんです。」

井上 ひさし「握手」〈「ナイン」〉より

2 ――線の片仮名を漢字で書きなさい。　各5点

① ニワトリを飼う。
② 映画のカントク。
③ ドロだらけで遊ぶ。
④ ゴウマンな態度。

1						2			
(1)	(2)	(3)	(4)	(5)	(6)	①	②	③	④

ぴたトレ 3
確認テスト②

握手

時間20分
／100点
合格75点

解答 p.3

1 思考・判断・表現

文章を読んで、問いに答えなさい。

教科書22ページ3行～23ページ3行

ルロイ修道士は壁の時計を見上げて、

「汽車が待っていますよ。」

と言い、右の人さし指に中指をからめて掲げた。①これは「幸運を祈る」「しっかりおやり」という意味の、ルロイ修道士の指言葉だった。

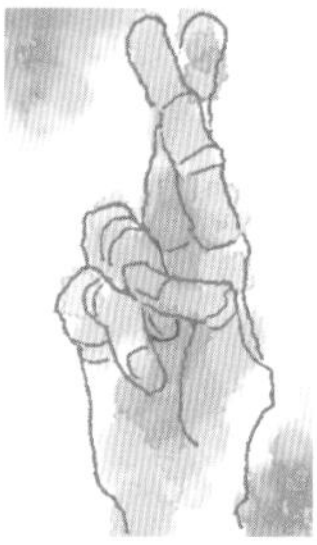

上野《うえの》駅の中央改札口の前で、思い切ってきいた。

「ルロイ先生、死ぬのは怖くありませんか。わたしは怖くてしかたがありませんが。」

かつて、わたしたちがいたずらを見つかったときにしたように、②ルロイ修道士は少し赤くなって頭をかいた。

「天国へ行くのですから、そう怖くはありませんよ。」

「天国か。本当に天国がありますか。」

「あると信じるほうが楽しいでしょうが。死ねば、何もないただむやみに寂しいところへ行くと思うよりも、にぎやかな天国へ行くと思うほうがよほど楽し

(1) ――線①「これ」とは、どんなしぐさですか。「～しぐさ。」に続く形で、文章中から十七字で探し、初めと終わりの四字を抜き出しなさい。 10点

よく出る
(2) ――線②「ルロイ修道士は少し赤くなって頭をかいた。」とありますが、なぜそんな態度をとったのですか。簡潔に答えなさい。 15点

(3) ルロイ修道士に二度と会えないかもしれないという「わたし」のつらく悲しい思いが読み取れる一続きの二文を文章中から探し、初めの六字を抜き出しなさい。 10点

(4) ――線③「痛いですよ。」とありますが、このとき、ルロイ修道士はどんな気持ちだったと考えられますか。次から一つ選び、記号で答えなさい。 15点
ア 「わたし」の手加減のない握手に、憎しみを感じ取って悲しむ気持ち。
イ 「わたし」の思いが込められた力強い握手に、「わたし」の感謝と励ましの思いを感じ取って喜ぶ気持ち。
ウ 「わたし」の握手に悲痛な思いを感じ取り、申し訳ないと謝りたい気持ち。

(5) ――線④「そのこと」とは、どんなことを指していますか。 10点

考える
(6) ――線⑤「わたしは知らぬ間に、……打ちつけていた。」とありますが、この指言葉は「お前は悪い子だ」という意味です。この指言葉から、「わたし」のどんな思いが読み取れますか。二つのことを押さえ、まとめて答えなさい。 20点

い。そのために、この何十年間、神様を信じてきたのです。」

　わかりましたと答える代わりに、わたしは右の親指を立て、それからルロイ修道士の手をとって、しっかりと握った。それでも足りずに、腕を上下に激しく振った。

「③痛いですよ。」
　ルロイ修道士は顔をしかめてみせた。
　上野公園の葉桜が終わる頃、ルロイ修道士は仙台《せんだい》の修道院でなくなった。まもなく一周忌である。わたしたちに会って回っていた頃のルロイ修道士は、身体《からだ》中が悪い腫瘍の巣になっていたそうだ。葬式で④そのことを聞いたとき、⑤わたしは知らぬ間に、両手の人さし指を交差させ、せわしく打ちつけていた。

井上　ひさし「握手」〈「ナイン」〉より

2　――線の片仮名を漢字で書きなさい。　各5点

① 汚れた服をセンタクする。　② オダやかに話す。
③ 畑をカイコンする。　④ ジョウダンを言う。

1						2			
(1)	(2)	(3)	(4)	(5)	(6)	①	②	③	④
〜									

ぴたトレ 1

要点チェック

学びて時に之《これ》を習ふ――「論語」から
（情報の信頼性）

1 新しく習った漢字　読み仮名を書きなさい。

① 匿名（　　）

2 重要語句　正しい意味を下から選び、記号で答えなさい。

① 子（「論語」での意味）（　　）
② 曰《い》はく（　　）
③ 亦《また》……ずや（　　）
④ ……に如《し》かず（　　）

ア　おっしゃるには。
イ　先生。
ウ　……に及ばない。
エ　なんと……ではないか。

3 返り点　□に返り点に従って読む順番を数字で書きなさい。

① □ □レ □ □
② □二 □ □一 □
③ □二 □ □レ □ □
④ □下 □ □二 □ □一 □上

スタートアップ

孔子《こうし》の考え方

学びて時に……	学問には、学び体得する喜び、友人と語り合う楽しみがあり、その意義は、自分の人格を高めることである。
故きを温めて……	先人の学説などに習熟して、現実に応じた新しい知識を発見する姿勢が大切だ。
学びて思はざれば……	学問には「学ぶこと」と「考えること」の両方が重要である。
之を知る者は、……	物事は知るだけでなく、好きになり楽しむ境地に至ることで本物となる。

返り点の種類

☑ レ点…下の一字から、すぐ上の一字に戻って読む。
例　学《ビテ》而時《ニ》習レ《フ》之《ヲ》、 ⬇ 学びて時に之を習ふ、

☑ 一・二点…二字以上を隔てて、上に返って読む。
例　不《ず》二亦《また》説《よろこバシカラ》一乎《や》。 ⬇ 亦説ばしからずや。

☑ 上・下点…一・二点を挟み、さらに返って読む。
例　有《り》下朋《とも》自《より》二遠方一来《タル》上、 ⬇ 朋遠方より来たる有り、

☑ レ点…一点とレ点の組み合わせ。先にレ点に従って読む。
例　可《ベシト》二以《もつテ》為《たル》レ師矣。 ⬇ 以て師為るべしと。

解答 p.4

ぴたトレ
2
練習

学びて時に之を習ふ――「論語」から

タイムトライアル 10分

解答 p.4

1 読解問題 文章を読んで、問いに答えなさい。

教科書29ページ1行〜6行

①子曰《い》はく、「学びて時に之を習ふ、②亦説ばしからずや。朋遠方より来たる有り、亦楽しからずや。人知らずして慍《うら》みず、③亦君子ならずや。」と。

子曰《ハク》、「学《ビテ》而時《ニ》習《フ》レ之《ヲ》、不二亦説《バシカラ》一乎。

有《リ》下朋自《リ》二遠方一来《タル》上、④不亦楽《シカラ》乎。

人不《シテ》レ知《ラ》而不レ慍《ミ》、不二亦君子《ナラ》一乎《ト》。」（学而《がくじ》）

「学びて時に之を習ふ――『論語』から」より

(1) ――線①「子」とは、「論語」では誰のことを指していますか。

（　　　　）

ヒント ここでは、「先生」というほどの意味に用いているよ。

(2) ――線②「亦説ばしからずや。」とはどんな意味ですか。次から一つ選び、記号で答えなさい。

ア きっとうれしいに違いない。
イ 再び喜べないだろう。
ウ なんとうれしいではないか。

（　　）

ヒント 「亦……ずや」は、詠嘆の意味を表すよ。

(3) ――線③「亦君子ならずや。」とありますが、どんな人を「君子」と言っていますか。次から一つ選び、記号で答えなさい。

ア 世の中の人が認めてくれずとも、不平・不満を抱かない人。
イ 世の中の人が認めようと認めまいと無関心な人。
ウ 世の中の人に認められた人。

（　　）

ヒント 直前の部分の意味を捉えよう。

(4) ――線④「不亦楽《シカラ》乎。」を書き下し文のように読むには、どこに、どんな返り点を付ければよいですか。書き入れなさい。

（不 亦 楽《シカラ》乎。）

ヒント 前の文や後の文を参考にしよう。

ぴたトレ 1
要点チェック

漢字1 熟語の読み方
（漢字に親しもう1）

1 新しく習った漢字　読み仮名を書きなさい。

①整頓（　）　②頒布（　）　③長袖（　）　④枕元（　）
⑤茶釜（　）　⑥両脇（　）　⑦別棟（　）　⑧干潟（　）
⑨浅瀬（　）　⑩純粋（　）　⑪瞳（　）　⑫謁見（　）
⑬錠前（　）　⑭患者（　）　⑮甲乙（　）　⑯冶金（　）
⑰硫酸（　）　⑱報酬（　）　⑲賠償金（　）　⑳管轄（　）
㉑高騰（　）　㉒奪胎（　）　㉓沙汰（　）　㉔漏電（　）

2 重要語句　正しい意味を下から選び、記号で答えなさい。

①（　）頒布
②（　）管轄

ア　権限によって支配すること。その範囲。
イ　品物や資料などを広く配ること。

スタートアップ

音と音　訓と訓

☑音と音
例　精神（セイ・シン）／無言（ム・ゴン）

☑訓と訓
例　雨風（あめ・かぜ）／真綿（ま・わた）

重箱読み　湯桶《ゆとう》読み

☑重箱読み
上の漢字を音読み、下の漢字を訓読みで読む。
例　重箱（ジュウ・ばこ）／仕事（シ・ごと）

☑湯桶読み
上の漢字を訓読み、下の漢字を音読みで読む。
例　湯桶（ゆ・トウ）／夕刊（ゆう・カン）

特別な読み方

☑熟字訓
熟語を一つのまとまりとして読む。
例　明日（あす）／五月雨（さみだれ）／田舎（いなか）

☑複数の読み方をする熟語
例　年月（ネン・ゲツ／とし・つき）
例　色紙（いろ・がみ／シキ・シ）

複数の読みをする熟語は、読み方で意味が異なることがあるよ。

解答 p.4

漢字1 熟語の読み方

タイムトライアル
10分

解答 p.4

1 **音と音・訓と訓について、答えなさい。**

次の熟語の読みは、**ア**音と音の組み合わせ、**イ**訓と訓の組み合わせのどちらか、記号で答えなさい。

① 峡谷　② 黒潮　③ 派閥
④ 上着　⑤ 藍色　⑥ 側溝

2 **重箱読み・湯桶読みについて、答えなさい。**

次の熟語の読みは、**ア**重箱読み、**イ**湯桶読みのどちらか、記号で答えなさい。また、その読みを、音読みは片仮名で、訓読みは平仮名で書きなさい。

① 歩合　② 消印　③ 石段
④ 茶筒　⑤ 王様　⑥ 身分

3 **特別な読み方について、答えなさい。**

(1) 熟字訓の読み方を書きなさい。

① 白髪　② 叔父　③ 木綿
④ 大和　⑤ 梅雨　⑥ 吹雪

(2) 次の熟語には、複数の読み方があります。文意に合うように読み方を書きなさい。

① 寒気 { a 真冬並みの寒気が流れ込む。 / b 風邪を引いたのか寒気がする。 }
② 大勢 { a 大勢の観客が映画館に来る。 / b 試合の大勢は決した。 }
③ 分別 { a ごみを分別する。 / b 分別のない子供。 }
④ 背筋 { a 背筋が寒くなる。 / b 背筋を鍛える。 }

1	①	②
	③	④
	⑤	⑥
2	①	②
	③	④
	⑤	⑥
3 (1)	① ③ ⑤	② ④ ⑥
3 (2)	① a / b	② a / b
	③ a / b	④ a / b

ぴたトレ 1
要点チェック

作られた「物語」を超えて

山極《やまぎわ》 寿一《じゅいち》

解答 p.4

1 新しく習った漢字　読み仮名を書きなさい。

①凶暴（　　）　②銃（　　）　③勇壮（　　）　④悲惨（　　）
⑤欧米（　　）　⑥鎖（　　）　⑦誇張（　　）　⑧紛争（　　）
⑨巡らす（　　）　⑩行《い》き交う（　　）

2 重要語句　正しい意味を下から選び、記号で答えなさい。

①（　）権化《ごんげ》
②（　）勇壮
③（　）悲惨
④（　）蓄積する
⑤（　）脚色する
⑥（　）増幅する
⑦（　）排除する

ア たくさんたくわえる。
イ じゃまなものを取り除く。
ウ 事実を故意に変えて、おもしろくする。
エ ある物事の範囲を広げ、大きくする。
オ むごたらしくて、痛ましいこと。
カ 勇ましくて盛んな様子。
キ 目に見えない抽象的なものが、具体的な形で現れたように思えるもの。

3 文章構成　構成について、当てはまる言葉を書きなさい。

①（　　）…話題を示す。
②（　　）…ゴリラの行動の事例や人間の性質についての説明や筆者の考えを述べる。
③（　　）…筆者の主張を述べる。

4 ゴリラの行動・呼び名　当てはまる言葉を書きなさい。

①（　　）…てのひらで交互に胸をたたく行動。
②（　　）…背中の毛が白い、群れのオスのリーダー。

得点UPポイント

ゴリラの「物語」から、筆者の主張を読み取る。

☑ゴリラの「ドラミング」の本当の意味を捉える。
☑人間の性質によって、どんな悲劇が起こるかを理解する。
☑ゴリラの「物語」は、人間の性質によって作られたものであることを理解し、筆者の主張を読み取る。

左の文章では、「ドラミング」が何を表現しているかが述べられているよ。

ぴたトレ 2
練習

作られた「物語」を超えて

タイムトライアル 10分

解答 p.4

1 読解問題　文章を読んで、問いに答えなさい。

教科書44ページ1行〜14行

①シルバーバックがドラミングをするのは群れどうしが出会ったときばかりではない。ゴリラの一日は、みんなでいっしょに旅をしながら食物を探し歩き、満腹になったら寄り集まって休むことの繰り返しである。それは天候にも左右される。激しく雨が降れば、それぞれ木の陰や草むらに潜り込む。雨があがってみんなが木陰から出てくると、シルバーバックがドラミングをする。「さあ、出発しよう。」とみんなに呼びかけているのだ。また、ときどきメスや子供たちが食べ物や休み場所を取り合ってけんかをする。悲鳴が上がり、ゴッゴッと非難する声が聞こえる。すると真っ先にシルバーバックが飛んでいって、いがみ合っているゴリラたちを制止する。そんなとき、②ドラミングがとても効果的だ。シルバーバックが胸をたたくと、みんな静まり返るからだ。メスや子供たちもドラミングをすることがある。不満を感じると胸や木の幹をたたく。子供たちの間で追いかけっこが始まると、先に走った子供が誘いかけるように胸をたたいたり、時には木に登って代わる代わる胸をたたき合ったりすることもある。

山極 寿一「作られた『物語』を超えて」より

(1) ——線①「シルバーバックが……ときばかりではない。」とありますが、シルバーバックは他のどんなときにドラミングをするのですか。十字程度で二つ答えなさい。

ヒント　「また」の前後に例を挙げているよ。

(2) ——線②「ドラミングがとても効果的だ。」とありますが、なぜ効果的なのですか。その理由が書かれた部分を文章中から探し、初めと終わりの四字を抜き出しなさい。

〜

ヒント　理由を表す「〜から」に着目しよう。

(3) ゴリラたちがドラミングをする様子から、ドラミングはどんなことを表現していると思われますか。次から一つ選び、記号で答えなさい。

ア　自分の気持ちや呼びかけ、誘いかけを表現している。
イ　自分の気持ちや、仲間に対する威嚇を表現している。
ウ　自分の気持ちや、自分の優位性を表現している。

（　）

ヒント　「メスや子供たちもドラミングをすることがある。」とあるよ。

ぴたトレ 3
確認テスト

作られた「物語」を超えて

時間20分
／100点
合格75点
解答 p.4

1 思考・判断・表現 文章を読んで、問いに答えなさい。

教科書45ページ9行〜46ページ9行

①ゴリラのドラミングに対する誤解が広まったのは、人間がある印象を基に「物語」を作り、それを仲間に伝えたがる性質をもっているからだ。いつの頃からか②人間は言葉を発明して、自分が体験したことを語ることができるようになった。そのおかげで、人間は多くの知識を共有できるようになった。自分が体験していない地震や火事の出来事を人から聞くことによって、適切な対処の方法を知ることができる。まだ見たことのない動物と出会ったらどうすればいいか、それを知っている人から学ぶことができる。言葉は人間の社会に知識を蓄積し、新しい技術や工夫をもたらして、人間が飛躍的に発展する道を開いた。しかし一方で、言葉には自分の体験を脚色したり誇張したりする力もある。③実際には見ていないことを、あたかも体験したかのように語ることもできるのだ。それは人の口から口へ、またたくうちに広がっていく。最初の話が誤解によって作ら

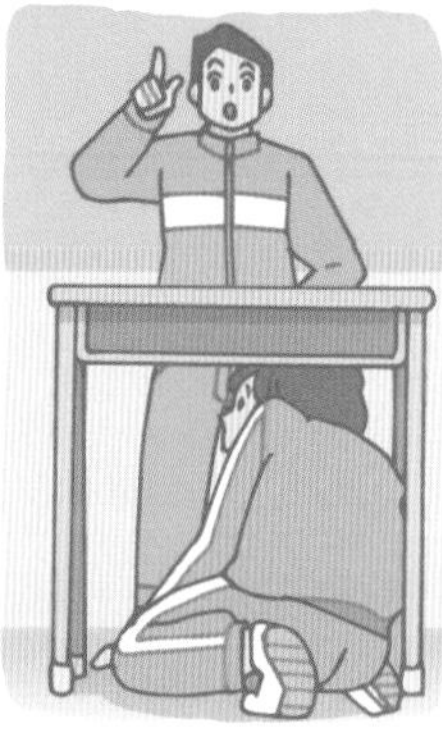

よく出る

(1) ──線①「ゴリラのドラミング……広まった」とありますが、なぜ誤解が広まったのですか。それが書かれた部分を文章中から探し、初めと終わりの四字を抜き出しなさい。 10点

(2) ──線②「人間は言葉を発明して」について、答えなさい。 各10点

① 「言葉を発明し」たことによって、人間はどんなことができるようになりましたか。二つに分けて答えなさい。

② 発明された「言葉」が、人間の社会に知識の蓄積や技術をもたらしたことで、どうなりましたか。次から一つ選び、記号で答えなさい。 10点

ア 人間が社会の常識を作る道を開いた。
イ 人間が飛躍的に発展する道を開いた。
ウ 人間が社会の常識に疑いをもつようにした。

(3) ──線③「実際には見ていないこと……語ることもできる」とありますが、それは言葉にどんな力があるからですか。 10点

(4) ──線④「大きな悲劇に……抑えることができる。」とありますが、では、抑えることができないのはどんな場合ですか。次から一つ選び、記号で答えなさい。 10点

ア 誤解された何気ない行為の、誤解が解ける場合。
イ 同じ言葉で話し合い、誤解を解くことができる場合。
ウ 言葉や文化の違う民族の間で、誤解が修復できない場合。

考える

(5) ──線⑤「今でも世界各地で争いや衝突が絶えない」とありますが、それは人間がどんな「物語」を作り、どんなことをしないからですか。簡潔にまとめて答えなさい。 20点

れていると、その間違いに気がつかないうちに、それが社会の常識になってしまうことがよくあるのだ。
　こうした誤解に基づく「物語」は、人間の社会にも悲劇をもたらす。何気ない行為が誤解され、それがうわさ話として人から人へ伝わるうちに誇張されて、周りに嫌われてしまうことがある。また、同じ言葉で話し合い、誤解を解くことができる間柄なら、④大きな悲劇に発展することを抑えることができる。だが、言葉や文化の違う民族の間では、誤解が修復されないまま「物語」が独り歩きをして敵対意識を増幅しかねない。私がゴリラの調査で足を踏み入れるルワンダやコンゴなどでも紛争が絶えず、肌で戦いを感じる機会が何度もあった。⑤今でも世界各地で争いや衝突が絶えないのは、互いに相手を悪として自分たちに都合のよい「物語」を作りあげ、それを世代間で継承し、果てしない戦いの心を抱き続けるからだ。どちらの側にいる人間も、その「物語」を真に受け、反対側に立って自分たちを眺めてみることをしない。

山極 寿一「作られた『物語』を超えて」より

2 ——線の片仮名を漢字で書きなさい。　各5点

① キョウボウな性格。
② ジュウを撃つ。
③ ユウソウな音楽。
④ 考えをメグらす。

1 (1)	1 (2) ①	1 (2) ②	1 (3)	1 (4)	1 (5)	2 ①	2 ②	2 ③	2 ④
〜									

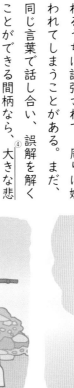

ぴたトレ 1
要点チェック

文法への扉1 すいかは幾つ必要?
（漢字に親しもう 2）

解答 p.5

1 新しく習った漢字 読み仮名を書きなさい。

①某所（　　） ②泡立つ（　　） ③親睦（　　） ④同僚（　　）
⑤雑巾（　　） ⑥臭い（　　） ⑦水槽（　　） ⑧懇談（　　）
⑨貫徹（　　） ⑩倹約（　　） ⑪舶来（　　） ⑫探偵（　　）
⑬僧侶（　　） ⑭模倣（　　） ⑮発端（　　） ⑯宗家（　　）
⑰寿命（　　） ⑱実兄（　　） ⑲石高（　　）

2 重要語句 正しい意味を下から選び、記号で答えなさい。

①（　　）親睦
②（　　）懇談
③（　　）貫徹
④（　　）舶来

ア 外国から渡来すること。外国製品。
イ 互いに打ち解けて親しく話し合うこと。
ウ 互いに親しみ合い、仲よくすること。
エ 一つのことを貫き通すこと。

スタートアップ

文節・連文節の対応

☑文は、文節や連文節が、「主・述の関係」「修飾・被修飾の関係」「接続の関係」「独立の関係」で結び付くことで成り立っている。

●推敲《すいこう》するとき…どの文節がどの文節に対応しているかを意識し、それが自然につながるかを確認する。

例 ×僕の夢は、建築家になります。➡なることです
×兄は、泣いている妹に抱き上げた。➡妹を

意味のまとまり

☑文節・連文節が複雑に関係し合った文では、意味のまとまりが捉えにくいことがある。

●推敲するとき…読点を打つ、文を分ける、文節の順序を入れ替えるなどして、意味のまとまりを明確にする。

例 独奏する森君の妹が来た。（読点で明確にした場合）
➡独奏する森君の、妹が来た。
➡独奏する、森君の妹が来た。

呼応の副詞

☑呼応の副詞は、その副詞に対応する語で受けなければ、文が成り立たない場合がある。

例 まるで夢のような話だ。／もし嫌ならば諦める。

ぴたトレ 2

練習

文法への扉1 すいかは幾つ必要?

タイムトライアル 12分

解答 p.5

1 文節・連文節の対応について、答えなさい。

次の文を、文節や連文節の対応を整えて書き直しなさい。

① 私の夢は、世界中を旅して回りたいです。

② 友達が冗談を言って、みんなに笑わせている。

③ 私には、父が妹に甘すぎると思う。

④ 父の仕事は、新薬を開発する仕事だ。

2 意味のまとまりについて、答えなさい。

次の文は二通りに解釈できます。指示に従って書き直しなさい。

僕は慌てて玄関に向かった父に呼びかけた。

① 慌てているのは「僕」になるように、二つの文に分けて書き直しなさい。

② 慌てているのは「僕」になるように、文節の順序を入れ換えて、書き直しなさい。

3 呼応の副詞について、答えなさい。

——線の呼応の副詞に対応する語を後から選び、記号で答えなさい。

① ぜひ、母校へおいで□。

② 君の手は、まるで氷の□。

③ たとえ負け□、悔いはない。

④ なぜ、私に相談しなかったの□。

ア か　イ ようだ　ウ ください　エ ても

4 助詞による意味の変化について、答えなさい。

——線の助詞の場合、それぞれどんな意味になりますか。後から選び、記号で答えなさい。

① 僕たちは浜辺を走った。

② 僕たちは浜辺で走った。

ア 僕たちが走った場所が浜辺であった意味。

イ 僕たちが走って通過したのが浜辺であった意味。

1				2		3	4
①	②	③	④	①	②	①	①
						②	②
						③	
						④	

ぴたトレ 3 確認テスト

文法への扉1 すいかは幾つ必要?

時間20分
／100点
合格75点
解答 p.6

1 文節・連文節の対応について、答えなさい。

(1) 次の文のA主語とB述語を抜き出しなさい。 完答各4点

① 丘の上に小さな家がぽつんと建っている。

② 真夏の太陽がギラギラと照りつける。

(2) 次の文のA修飾部とB被修飾部を**ア**～**ウ**から選び、記号で答えなさい。 完答各4点

① ア勉強していた私の肩を イ友人が ウたたいた。

② ア母は、イ七時発の電車で ウ上京する。

③ ア海外出張中の イ父が ウ帰国した。

④ ア私は、イカメの産卵を ウ見た。

(3) 次の文の接続部を**ア**～**ウ**から選び、記号で答えなさい。 各3点

① ア今日は イ風が強いので ウ出かけない。

② ア急いで出かければ、イバスに ウ間に合うはずだ。

③ ア僕は イ疲れていたが、ウ懸命に走った。

④ ア運動会は、イ天気さえよければ ウ行われる。

(4) ――線部を、文節や連文節の対応を整えて書き直しなさい。 各4点

① 父が滑稽なしぐさで、弟に笑わせている。

② 私の夢は、人のためになる仕事だ。

③ 祖父の日課は、庭の植木を世話するのが日課だ。

④ 私には、姉が深刻に考えすぎると思う。

⑤ 運動する前、私は必ず準備運動を心がけるようだ。

2 意味のまとまりについて、答えなさい。

(1) 次の文は二通りの解釈ができます。A・Bの意味にするには、どこに読点を打てばよいですか。記号で答えなさい。 各2点

① 私は ア 文句を言いながら イ 逃げる ウ 弟を エ 追いかけた。

A 文句を言っているのは「私」。
B 文句を言っているのは「弟」。

② 論文を ア 発表する イ 田中さんの ウ 先生が エ 来た。

A 論文を発表するのは「田中さん」。
B 論文を発表するのは「田中さんの先生」。

③ 昨日 ア 作った イ 煮物を ウ 祖母に エ 届けた。

A 「煮物を作った」のは昨日。
B 「煮物を届けた」のは昨日。

④ 母は ア 実家に イ ある ウ 荷物を エ 運んだ。

A 「荷物を運んだ」のは実家。
B 「荷物がある」のは実家。

(2) 次の二通りに解釈できる文を、指示に従って書き直しなさい。

私は急いでタクシーを止めた父に封筒を渡した。

① 急いでいるのは「私」になるように、二つの文に書き直しなさい。 完答6点

② 急いでいるのは「私」になるように、文節の順序を入れ替えて書き直しなさい。 6点

3 呼応の副詞について、答えなさい。

――線の呼応の副詞に対応する言葉を後から一つずつ選び、記号で答えなさい。 各2点

① ぜひ、発表会においで□。

② 私は決して諦め□。

③ 彼に会えるなんて、まるで夢の□。

④ よもや、一回戦で負けることはある□。

⑤ なぜ、誰も理由を説明しないの□。

⑥ たぶん明日は晴れる□。

⑦ もし間に合わないよう□、連絡しなさい。

⑧ たとえ雨が降っ□、僕は出発するよ。

ア だろう	イ なら	ウ ようだ	エ か
オ ください	カ まい	キ ない	ク ても

大問	問	小問	解答欄
1	(1)	①	A / B
1	(1)	②	A / B
1	(2)	①	A / B
1	(2)	②	A / B
1	(2)	③	A / B
1	(2)	④	A / B
1	(3)	① ② ③ ④	
1	(4)	①	
1	(4)	②	
1	(4)	③	
1	(4)	④	
1	(4)	⑤	
2	(1)	①	A / B
2	(1)	②	A / B
2	(1)	③	A / B
2	(1)	④	A / B
2	(2)	①	
2	(2)	②	
3		① ② ③ ④ ⑤ ⑥	
3		⑦ ⑧	

ぴたトレ 1
要点チェック

実用的な文章を読もう
（報道文を比較して読もう）

解答 p.6

1 新しく習った漢字 読み仮名を書きなさい。

① 表彰（　　）
② 多岐（　　）
③ 上旬（　　）
④ 推薦（　　）
⑤ 拘束（　　）
⑥ 待遇（　　）
⑦ 准教授（　　）
⑧ 貢献（　　）
⑨ 懐疑的（　　）
⑩ 併記（　　）

2 実用的な文章① 実用的な文章に○を付けなさい。

ア（　）ルポルタージュ
イ（　）商品などの説明資料
ウ（　）報道文
エ（　）新聞広告
オ（　）時刻表
カ（　）歴史小説
キ（　）行政機関からのお知らせ

3 実用的な文章② 次のときに触れる実用的な文章を後から選んで書きなさい。

① 機器を買ったとき…（　　）
② 新聞を読むとき…（　　）
③ 博物館や展示会で…（　　）
④ 学校の掲示板で…（　　）
⑤ 道や公園の案内板で…（　　）

行事や教室のお知らせ	折り込み広告	取扱説明書
地域の祭事のお知らせ	パンフレット	

得点UPポイント

実用的な文章の工夫を理解し実生活に生かす！

☑ 実用的な文章にはどんなものがあるかを押さえる。
☑ 実用的な文章の工夫（年齢による表現の使い分け・部位ごとや購入後の注意書きなど）を理解し、実生活に生かす。

左のチラシでは、「工夫」の有無が確かめられるよ。

ぴたトレ 2

練習

実用的な文章を読もう

タイムトライアル 8分

解答 p.6

1 読解問題

次のチラシを読んで、問いに答えなさい。

特売セール開催!!

●特売商品

靴　…一流メーカー提供
　　紳士靴、婦人靴、ベビー靴

バッグ…ブランドもの多数放出
　　季節の人気商品も一挙特売!

シャツ…夏物、冬物、一挙特売!
　　*柄やサイズ、豊富です。

ハンカチ・靴下・タオル
　　…おしゃれな物をそろえました。

その他、日用品からお出かけ用品まで豊富にそろえました!

期間
7月10日〜
7月15日

会場
タウンホールの1階広場
*近くに大型駐車場があります。

お支払い
各種カードもご利用になれます。

(1) 何を知らせるためのチラシですか。
（　　　）

ヒント 目立つところに書かれていることを読み取ろう。

(2) 自動車で会場に行く人はどこに駐車すればよいですか。
（　　　）

ヒント 「会場」に書かれていることに着目しよう。

(3) 支払いで注意すべきことは何ですか。次から一つ選び、記号で答えなさい。

ア 現金しか使えない。
イ 現金は使えない。
ウ 現金もカードも使える。

（　　　）

ヒント 「お支払い」に書かれていることに着目しよう。

(4) このチラシのよくない点を次から一つ選び、記号で答えなさい。

ア どこで開催しているのかがわからない。
イ 主にどんな物を売っているのかがわからない。
ウ 何時から何時まで開催しているのかがわからない。

（　　　）

ヒント 「期間」に書かれていることに着目しよう。

ぴたトレ 1 要点チェック

俳句の可能性
俳句を味わう

宇《う》多《だ》喜《き》代《よ》子《こ》

解答 p.7

1 新しく習った漢字 読み仮名を書きなさい。

① 膝 （　　）　② 軽やか （　　）

2 重要語句 正しい意味を下から選び、記号で答えなさい。

①（　）かきたてる
②（　）断念
③（　）感性
④（　）放浪
⑤（　）行脚《あんぎゃ》
⑥（　）ひたすら
⑦（　）大路
⑧（　）萬緑《ばんりょく》
⑨（　）吾子《あこ》

ア ただ、そのことに集中している様子。
イ 心の中の感情をわき上がらせる。
ウ 我が子。
エ 人の多く通る広い道。
オ 当てもなくさまよい歩くこと。
カ 希望や思いを諦めること。
キ 見渡すかぎり一面に緑色であること。
ク 徒歩でいろいろな地方を旅すること。
ケ いろいろな物事を心に感じ取る力。

普通の文章を「散文」と呼ぶのに対して、一定の音律（リズム）をもち、形式の整った詩や短歌などのことを「韻文」と呼ぶよ。

スタートアップ

俳句の用語（約束事）

定型	五・七・五の音数で表現すること。
季語	季節を表す言葉。「季語」を調べるには、「歳時記」を使う。
切れ字	句の切れ目に用いる、詠嘆を表す助詞。「かな」「けり」「や」など。これ以上は言えないという断念を表し、感動の中心となる。

俳句の形式

有季定型	「季語」を用い、「定型」で表現する、基本的な約束。
自由律俳句	「定型」をはみ出した、自由な音律の俳句。
無季俳句	「季語」のない俳句。

「俳句を味わう」の俳句の季語（季節名以外）

- 「赤い椿……」の句…「椿」（春）
- 「萬緑の……」の句…「萬緑」（夏）
- 「飛び込みの……」の句…「飛び込み」（夏）
- 「金剛の……」の句…「露」（秋）
- 「流れゆく……」の句…「大根」（冬）

俳句の可能性
俳句を味わう

タイムトライアル 10分

解答 p.7

1 読解問題 文章を読んで、問いに答えなさい。 教科書71ページ3行〜10行

①いくたびも雪の深さを尋ねけり　正岡子規《まさおかしき》

雪が激しく降っている。重い病気で寝ている子規が、僅かに見える障子の穴からその様子を見ている。どのくらい積もったのか、確かめることができない子規は、病室を出入りする人に、積雪の様子を幾度も尋ねる。今、くるぶしくらいまで積もったよ、とか、膝が埋まるくらいになったよ、などと聞き、庭や道路や公園に積もった雪景色を想像する。

降る雪のことを詳しく説明したくても、②「定型」という制約の中では全部言い尽くせない。そこを補うために工夫された方法の一つに「切れ字」がある。例えば、*冒頭の句で、これ以上は言えないという断念を表しているのが、最後の「かな」であり、子規の句の「けり」である。

（注）*冒頭の句＝「どの子にも涼しく風の吹く日かな　飯田龍太《いいだりゅうた》」の句のこと。

宇多喜代子「俳句の可能性」より

(1) この俳句の、季語とその季節を答えなさい。

季語（　　　）　季節（　　　）

ヒント 「季語」は季節を表す言葉だよ。

(2) ――線①「いくたびも」という言葉から、作者のどんな気持ちがわかりますか。次から一つ選び、記号で答えなさい。

ア 外に出られない病身の自分を、情けなく思う気持ち。

イ 積雪を想像してわくわくすると同時に、もどかしい気持ち。

ウ 尋ねても無視されることへの、いら立ちの気持ち。

（　　　）

ヒント 自分自身では、雪景色を見ることができないんだよ。

(3) ――線②『定型』という制約」とありますが、季語を用い、定型で表現する俳句の約束（形式）を漢字四字で答えなさい。

□□□□

ヒント 「季語」と「定型」という、俳句を支えている約束だよ。

(4) 俳句で使われる「かな」「けり」は、作者の何を表していますか。文章中から抜き出しなさい。

（　　　）

ヒント 「かな」「けり」という切れ字の役割を読み取ろう。

ぴたトレ 3 確認テスト

俳句の可能性
俳句を味わう

時間20分　／100点　合格75点　解答 p.7

1 思考・判断・表現　俳句を読んで、問いに答えなさい。　教科書74ページ

赤い椿《つばき》白い椿と落ちにけり　河東碧梧桐《かわひがしへきごとう》……A

バスを待ち大路の春をうたがはず　石田波郷《いしだはきょう》……B

萬緑《ばんりょく》の中や吾子《あこ》の歯生え初《そ》むる　中村草田男《なかむらくさたお》……C

よく出る
(1) A・C～Eの俳句の、①季語と、その②季節を答えなさい。　各完答5点

(2) A・Cの俳句の切れ字をそれぞれ答えなさい。　各5点

(3) B・Dの俳句の、五・七・五の切れ目はどこですか。解答欄の俳句に／を付けなさい。　完答各5点

(4) 季語を用い、五・七・五の十七音で表現する、基本的な約束を何と言いますか。次から一つ選び、記号で答えなさい。　5点

ア 無季定型　**イ** 有季定型　**ウ** 有季俳句

(5) 五・七・五の十七音より音数の多い俳句を「字余り」といいますが、A～Eのどの俳句が「字余り」となっていますか。その記号を書き、字余りとなっている句を抜き出しなさい。　完答5点

よく出る
(6) 次の鑑賞文は、B～Eのどの俳句についてのものですか。記号で答えなさい。　各5点

① 見渡す限り一面の緑の生命力に呼応するように、我が子の歯も生え始めた、その喜びと感動を詠《よ》んだ句である。

② はかないと思われている露に、強靱《きょうじん》さ、美しさを見た感動が込められた句である。

③ 大路を行き交う人々の装いや街路樹の様子、うららかな日射しなどに、春の到来を実感した思いを詠んだ句である。

④ 水面に向けて飛び込むと、次の瞬間には泡に包まれている、そんなスピード感、躍動感が感じられる句である。

考える
(7) Fの俳句は、作者のどんな心情を詠んだものですか。それが表れている言葉と用いられている表現技法をまとめ、「この俳句は」に続けて答えなさい。　10点

飛び込みのもう真っ白な泡の中　神野紗希《こうのさき》……D

金剛《こんごう》の露ひとつぶや石の上　川端茅舎《かわばたぼうしゃ》……E

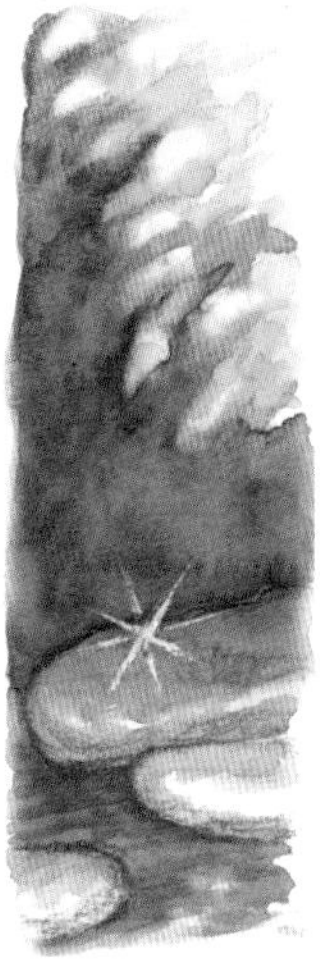

咳《せき》をしても一人　尾崎放哉《おざきほうさい》……F

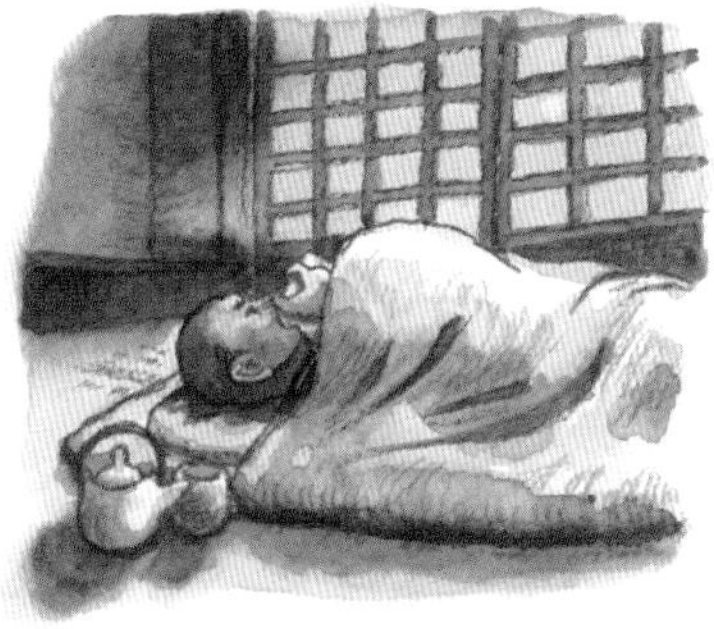

「俳句を味わう」より

2 ――線の片仮名を漢字で書きなさい。　各5点

① 分けヘダてしない。　② ヒザを折り曲げる。

③ 障害物をトび越える。　④ カロやかに舞う。

1														2			
(1)								(2)		(3)		(4)	(5)	(6)	(7)		
A		C		D		E				B	D						
①	②	①	②	①	②	①	②	A	C	バスを待ち大路の春をうたがはず	飛び込みのもう真っ白な泡の中		記号 / 句	① / ② / ③ / ④	この俳句は	① / ②	③ / ④

ぴたトレ 1

要点チェック

言葉1 和語・漢語・外来語

解答 p.7

1 新しく習った漢字

読み仮名を書きなさい。

①侍（　　）　②宵（　　）　③滝つぼ（　　）　④桑畑（　　）

⑤訴訟（　　）　⑥債権（　　）　⑦年俸（　　）　⑧破綻（　　）

⑨隠蔽（　　）　⑩進捗（　　）　⑪卸売り（　　）

2 重要語句

正しい意味を下から選び、記号で答えなさい。

①（　　）訴訟
②（　　）債権
③（　　）年俸
④（　　）破綻
⑤（　　）隠蔽
⑥（　　）進捗

ア　年ごとに決めた給料。一年間の給料。
イ　貸した金や財産を返してもらう権利。
ウ　物事や関係がうまくいかなくなること。
エ　物事が進みはかどること。
オ　悪事や真相などを隠し覆うこと。
カ　事実の認定や法律的判断を裁判所に求める手続き。

スタートアップ

和語（大和《やまと》言葉）

☑ もともと日本で使われていた語。
☑ 普通、平仮名や漢字の訓読みで表される。
● 親しみやすく意味を捉えやすいため、日常会話でよく用いる。

漢語

☑ 漢字の音読みが使われる語。
☑ 中国から入ってきた語と、日本で作られた語がある。
☑ 硬い語感をもち、抽象的な意味を表す語も多い。

漢字を訓読みで読むか、音読みで読むか、見極めることが大事だよ。

外来語

☑ 漢語以外で、外国語から日本語に取り入れられた語。
☑ 現在も新しい語が次々と誕生している。
☑ 新鮮さや軽快な印象を与える。
☑ 日本で作られた語（和製英語）もある。
● 普通、片仮名で書かれるが、外国語意識が薄くなった語は平仮名や漢字で書かれる場合もある。

混種語

☑ 和語・漢語・外来語の組み合わせでできた語。

1

(1) **和語・漢語・外来語について、答えなさい。**
次の文は、**ア**和語、**イ**漢語、**ウ**外来語のどれについて説明したものですか。記号で答えなさい。
① 硬い語感をもち、抽象的な意味を表す語も多い。
② 漢字の音読みが使われる語。
③ 新鮮さや軽快な印象を与える。
④ 意味が捉えやすく親しみやすい。
⑤ もともと日本で使われていた語。
⑥ 漢語以外で、外国語から日本語に取り入れられた語。

(2) 次の語は、**ア**和語、**イ**漢語、**ウ**外来語のどれですか。記号で答えなさい。
① かるた　② 童歌
③ 原因　④ 美しい
⑤ ココア　⑥ 住所

平仮名で書かれる外来語もあるよ。注意しよう。

(3) ――線の語を(　)の語に言い換えなさい。
① この小説のテーマを考える。(漢語)
② 父の趣味は歌劇鑑賞だ。(外来語)
③ 彼の意見をポジティブに捉える。(漢語)
④ その失敗談に苦笑する。(和語)
⑤ 彼の行いは許されるものではない。(漢語)
⑥ 専用のデスクに資料を広げる。(和語)

2

混種語について、答えなさい。
次の混種語の成り立ちを、㊕にならって答えなさい。
㊕ 宅配ピザ (漢語+外来語)
① 携帯ラジオ　② ジェット気流
③ 外国土産　④ 片側通行

解答 p.8

1 (1)											
①	②	③	④	⑤	⑥						

1 (2)					
①	②	③	④	⑤	⑥

1 (3)					
①	②	③	④	⑤	⑥

2			
①	②	③	④
+	+	+	+

ぴたトレ 1 要点チェック

「私の一冊」を探しにいこう

解答 p.8

1 新しく習った漢字

読み仮名を書きなさい。

①鋼（　　）
②曇る（　　）
③嵐（　　）
④嗅ぐ（　　）
⑤鍵盤（　　）
⑥渦（　　）

2 重要語句

正しい意味を下から選び、記号で答えなさい。

①（　　）持て余す
②（　　）調律
③（　　）踵《きびす》を返す
④（　　）息を潜める

ア　引き返す。
イ　じっとして身を隠す。
ウ　扱いに困る。
エ　楽器を正しい基準の音に調整すること。

3 登場人物

「羊と鋼の森」の当てはまる人物名を書きなさい。

①（　　）…「僕」。主人公。十七歳で高校二年生。
②（　　）…担任。職員会議があるので、来客を案内するよう「僕」に頼む。
③（　　）…体育館のピアノを調律するためにやって来た。

4 場面設定

「羊と鋼の森」の当てはまる場所を書きなさい。

①（　　）…「僕」は、男の人がピアノの調律をするのをぽつんと立って見ていた。
←
②（　　）…「僕」は担任に来客の案内を頼まれ、客が来るまで時間を潰した。
③（　　）…四時少し前に行くと、既に男の人が来ていて、名前を告げられる。
④（　　）…男の人を案内する。その人の鍵盤をたたく音に「僕」は森の匂いを感じた。

得点UPポイント

冒頭部分から、どんな本なのか読み取る！

☑ 冒頭部分には、その物語の味わいが色濃く表れている。
☑ 主人公の性格や感じ方など、その言葉遣いや行動から読み取る。
☑ その本が自分の読みたい本かどうか、考えよう。

左の文章では、主人公の考えや性格が表れているよ。

ぴたトレ 2 練習

「私の一冊」を探しにいこう

タイムトライアル 10分

解答 p.8

1 読解問題 文章を読んで、問いに答えなさい。

教科書85ページ上5行～下1行

①頼みごとをされることは多かったけれど、大事なことを頼まれるわけではなかった。大事なことはちゃんと大事な誰かがやってくれる。どうでもいいようなことを頼まれるのはどうでもいいような人間だ。②その日の来客もきっとどうでもいい部類の客なんだろう、と僕は思った。

そういえば、体育館に案内するよう頼まれただけだ。どんな客が来るのか聞かされていなかった。

「誰が来るんですか。」

教室から出ていこうとしていた担任は、僕を振り返り、③調律師だよ、と言った。

調律という言葉に聞き覚えがなかった。空調を直しに来るんだろうか。だとしたら、どうして体育館なんだろうと思ったが、それも別にどうでもいいようなものだった。

放課後の教室で、翌日の試験科目である日本史の教科書を読んで一時間ほど潰した。四時少し前に職員玄関へ行くと、その人は既に来ていた。茶色のジャケットを着て、大きなかばんを提げ、職員玄関のガラス戸の向こうに背筋を伸ばして立っていた。

宮下 奈都「羊と鋼の森」より

(1) ――線①「頼みごと」について「僕」はどう考えていますか。□に当てはまる言葉を文章中から抜き出しなさい。

「僕」が□を頼まれないのは、「僕」が□人間だからだろう。

ヒント 「頼みごと」についての「僕」の考えを読み取ろう。

(2) ――線②「その日の来客」とありますが、その客が職員玄関に立っていたときの様子が具体的に書かれた一文の初めの五字を抜き出しなさい。

□□□□□

ヒント 「僕」が職員玄関で見た来客の様子を読み取ろう。

(3) ――線③「調律師だよ」とありますが、「僕」はこの言葉を聞いて、客はどんな仕事をしている人だと思いましたか。文章中の言葉を用いて答えなさい。

（　　　）

ヒント 「調律」という言葉を聞いた「僕」の連想を読み取ろう。

(4) 「僕」はどんな人物だと思いますか。次から一つ選び、記号で答えなさい。

ア 無気力　イ 熱血漢　ウ 小心者

（　　）

ヒント 「どうでもいい」という言葉が繰り返されているよ。

ぴたトレ 1 要点チェック

挨拶——原爆の写真によせて

石垣《いしがき》 りん

解答 p.8

1 重要語句 正しい意味を下から選び、記号で答えなさい。

①（　　）戦火
②（　　）すがすがしい
③（　　）りつぜん
④（　　）きわどい
⑤（　　）耳を澄ます
⑥（　　）見きわめる
⑦（　　）えり分ける
⑧（　　）在る
⑨（　　）…の如《ごと》く
⑩（　　）油断する

ア 同様に。…のように。
イ 存在する。
ウ ぎりぎりの状態である。
エ 多くの物の中から選んで区別する。
オ 物事の真相を確かめる。
カ 安心して注意を怠る。
キ 戦争。
ク よく聞こうとして注意を集中する。
ケ 爽やかで気持ちがよい。
コ おそれおののく様子。

作者は私たちにどんなことを言おうとしているのか考えよう。二〇二一年一月に核兵器禁止条約が発効されたけど、核兵器の廃絶まで、まだ道のりは遠いよ。

スタートアップ

詩の構成

連	内容	作者の思い
第一連	焼けただれた顔の写真。	原爆の被害者の悲惨な顔。
第二連	この世にはもういない。	過去の人。
第三連	お互いの顔をもう一度見直そう。すこやかな顔。すがすがしい顔。	原爆のことなど忘れてしまった、自分たちの顔。
第四連	りつぜんとする私《わたし》。	危機感のなさにりつぜんとする。
第五連	原爆が数百個もある危険の中で、なぜ安らかに美しいのか。	現在の危うさ、危機を認識していない。
第六連	八時一五分は毎朝くる。	あの悲劇がいつまた起きても不思議ではない。
第七連	あの朝、私たちのように、油断していた。	油断してはいけない。

主題

☑ 多くの原爆が今なおこの地球上にあり、いつ投下されてもおかしくないという危機への認識を訴える。

挨拶——原爆の写真によせて

タイムトライアル 10分
解答 p.8

1 読解問題 教科書の詩を読んで、問いに答えなさい。

教科書94～96ページ

● 教科書94ページ「あ、……
● 教科書96ページ……美しく　油断していた。」

(1) この詩の、用語・形式上の種類は何ですか。

（　　　）

ヒント いつの言葉を使い、音数に決まりがあるかどうか確かめよう。

(2) 第四連に「私はりつぜんとするのだ」とありますが、なぜ「りつぜんとする」のですか。次から一つ選び、記号で答えなさい。

ア 今、安らかで美しい顔をしている友も、原爆一つで、あの写真のような焼けただれた顔になるのだと気づいたから。
イ 今、安らかで美しい顔をしている友が、実は戦争におびえていることを知ったから。
ウ 地球上に数百個もの原爆があるのに、友には危機感もなく、安らかで美しい顔をしているから。

（　　）

ヒント 「明日の表情」が、安らかで美しいものとは限らないよ。

(3) 第六連の「午前八時一五分は／毎朝やってくる」は、どんなことを表現していますか。次から一つ選び、記号で答えなさい。

ア 広島に起きた悲劇が、いつまた起きても不思議ではないこと。
イ 広島で起きた悲劇の犠牲者のために、毎朝祈りをささげようということ。
ウ 広島に起きた悲劇を、決して忘れてはいけないということ。

（　　）

ヒント 「八時一五分」は、何があった時刻かを押さえて考えよう。

(4) この詩で、作者はどんな考えを述べていますか。次から一つ選び、記号で答えなさい。

ア 友のような安らかで美しい顔ができるように、戦争のない、平和な世界を築いていくことが重要だ。
イ 数百個の原爆がある地球に生きる私たちは、危機的状況を認識し、その状況を自分で判断することが重要だ。
ウ 原爆の悲惨さを訴えるとともに、地球上から原爆をなくす努力をすることが大切だ。

（　　）

ヒント (2)(3)と関連させよう。明日が八月六日になるかもしれないよ。

ぴたトレ 1
要点チェック

故郷

魯《ろ》（ルウ）迅《じん》（シュン）／竹《たけ》内《うち》好《よしみ》訳

解答 p.9

1 新しく習った漢字　読み仮名を書きなさい。

① 閑散（　）　② 紺碧《ぺき》（　）　③ 雇う（　）　④ 艶（　）
⑤ 溺愛（　）　⑥ 結わえる（　）　⑦ 畜生（　）　⑧ 塀（　）
⑨ 塗る（　）　⑩ 貧乏（　）　⑪ 財布（　）　⑫ 駄賃（　）
⑬ 旦那（　）　⑭ 慕う（　）　⑮ 麻痺《ひ》（　）　⑯ 崇拝（　）

2 重要語句　正しい意味を下から選び、記号で答えなさい。

①（　）わびしい　　ア おしつぶして無力にする。
②（　）蔑む　　イ ばかにして笑う。
③（　）嘲る　　ウ けじめがなく、勝手放題な様子。
④（　）打ちひしぐ　　エ 活気がなく心寂しい。
⑤（　）野放図　　オ 見下す。軽蔑する。

3 場面構成　（　）に当てはまる人物名を後から選んで書きなさい。（人物名は何度使ってもよい。）

① 第一場面…「（　）」の帰郷。
② 第二場面…母と甥《おい》の（　）との対面。
③ 第三場面…思い出の中の（　）。彼の心は神秘の宝庫だった。
④ 第四場面…（　）との再会。「私」を冷笑する。
⑤ 第五場面…（　）との再会。二人を壁が隔てる。
⑥ 第六場面…故郷を離れる「（　）」。

ルントウ　ホンル　ヤンおばさん　私

得点UPポイント

故郷に帰った「私」の心情と考えを捉える！

☑ 故郷の様子を、「私」はどう感じたのか捉える。
☑ 再会した人々との会話や様子から、「私」がどんな心情になったかを読み取る。
☑ 「私」が「希望」について考えたことを捉えよう。

左の文章では、「私」の故郷に対する思いと帰郷の理由が述べられているよ。

ぴたトレ 2
練習

故郷

タイムトライアル 8分

解答 p.9

1 読解問題　文章を読んで、問いに答えなさい。

教科書98ページ6行～99ページ3行

ああ、これが二十年来、片時も忘れることのなかった故郷であろうか。

私の覚えている故郷は、まるでこんなふうではなかった。私の故郷は、もっとずっとよかった。その美しさを思い浮かべ、その長所を言葉に表そうとすると、しかし、①その影はかき消され、言葉は失われてしまう。やはりこんなふうだったかもしれないという気がしてくる。そこで私は、こう自分に言い聞かせた。もともと故郷はこんなふうなのだ――進歩もないかわりに、②私が感じるような寂寥《せきりょう》もありはしない。そう感じるのは、自分の心境が変わっただけだ。なぜなら、③今度の帰郷は決して楽しいものではないのだから。

今度は、故郷に別れを告げに来たのである。私たちが長いこと一族で住んでいた古い家は、今はもう他人の持ち物になってしまった。明け渡しの期限は今年いっぱいである。どうしても旧暦の正月の前に、住み慣れた古い家に別れ、なじみ深い故郷をあとにして、私が今暮らしを立てている異郷の地へ引っ越さねばならない。

魯迅／竹内好訳「故郷」〈「魯迅文集　第一巻」〉より

---

(1) ――線①「その影」とは、何の姿を指していますか。「目の前の故郷より」に続けて、文章中の言葉を用いて答えなさい。

目の前の故郷より（　　　　）

ヒント　直前に思い浮かべたものだよ。

(2) ――線②「私が感じる……ありはしない。」とありますが、なぜそう言えるのですか。次から一つ選び、記号で答えなさい。

ア　二十年の間忘れずにいたので、故郷が変わってしまったことを受け入れられないから。

イ　寂寥を感じるのは自分の心境が変わったせいで、故郷そのものは何も変わっていないから。

ウ　進歩をしないでいると昔のままの姿は保てるけれども、活気がなくなってしまうから。

（　　）

ヒント　「もともと故郷はこんなふうなのだ」と考え直しているね。

(3) ――線③「今度の帰郷は……ものではない」とありますが、それはなぜですか。文章中から当てはまる言葉を抜き出しなさい。

住み慣れた［　　　］を［　　］に明け渡し、故郷に［　　］を告げ、［　　］の地に［　　　　］ねばならないから。

ヒント　理由は、続く段落にまとめられているよ。

ぴたトレ 3

確認テスト①

故郷

時間20分　／100点　合格75点

解答 p.9

1 思考・判断・表現　文章を読んで、問いに答えなさい。

教科書105ページ19行～107ページ6行

　ある寒い日の午後、私は食後の茶でくつろいでいた。表に人の気配がしたので、振り向いてみた。①思わずあっと声が出かかった。急いで立ち上がって迎えた。

　来た客はルントウである。ひと目でルントウとわかったものの、そのルントウは、②私の記憶にあるルントウとは似もつかなかった。背丈は倍ほどになり、昔の艶のいい丸顔は、今では黄ばんだ色に変わり、しかも深いしわが畳まれていた。目も、彼の父親がそうであったように、周りが赤く腫れている。私は知っている。海辺で耕作する者は、一日中潮風に吹かれるせいで、よくこうなる。頭には古ぼけた毛織りの帽子、身には薄手の綿入れ一枚、全身ぶるぶる震えている。紙包みと長いきせるを手に提げている。その手も、私の記憶にある血色のいい、丸々した手ではなく、太い、節くれだった、しかもひび割れた、松の幹のような手である。

　私は、感激で胸がいっぱいになり、しかしどう口をきいたものや

(1) ――線①「思わずあっと声が出かかった。」のはなぜですか。文章中の言葉を用いて答えなさい。　15点

(2) ――線②「私の記憶にあるルントウ」とありますが、「記憶にあるルントウ」の様子はどうだったのですか。文章中から①六字と、②十一字で抜き出しなさい。　各5点

(3) (2)の①・②は、今ではどう変わりましたか。それが書かれた部分を文章中からそれぞれ探し、初めと終わりの四字を抜き出しなさい。（句点は含まない。）　各5点

(4) ――線③「何かでせき止められたように」とありますが、「何か」とはどんなものだと考えられますか。次から一つ選び、記号で答えなさい。　10点

ア ルントウが、わざわざ会いに来てくれたことへの喜び。
イ ルントウが、すっかり変わってしまったことへの驚き。
ウ ルントウが、よびかけに応えなかったことへのいらだち。

よく出る

(5) ――線④「喜びと寂しさの色」とありますが、それらはどんなものですか。次から一つ選び、記号で答えなさい。　15点

ア 自分のことを覚えていてくれた「喜び」と、共通の話題がないことの「寂しさ」。
イ 久しぶりに再会できた「喜び」と、身分の差から昔のように接することのできない「寂しさ」。
ウ 昔のとおり、「ルンちゃん」とよんでくれた「喜び」と、その後おし黙ってしまったことへの「寂しさ」。

考える

(6) ――線⑤「悲しむべき厚い壁」とは何のことですか。「境遇」「身分」という言葉を用いて十字程度で答えなさい。　20点

ら思案がつかぬままに、ひと言、

「ああルンちゃん——よく来たね……。」

続いて言いたいことが、後から後から、数珠《じゅず》つなぎになって出かかった。チアオチー、跳ね魚、貝殻、チャー……。だが、それらは、③何かでせき止められたように、頭の中を駆け巡るだけで、口からは出なかった。

彼は突っ立ったままだった。④喜びと寂しさの色が顔に現れた。唇が動いたが、声にはならなかった。最後に、うやうやしい態度に変わって、はっきりこう言った。

「旦那様！……。」

私は身震いしたらしかった。⑤悲しむべき厚い壁が、二人の間を隔ててしまったのを感じた。私は口がきけなかった。

彼は後ろを向いて、「シュイション（水生）、旦那様にお辞儀しな。」と言って、彼の背に隠れていた子供を前へ出した。これぞまさしく三十年前のルントウであった。いくらか痩せて、顔色が悪く、銀の首輪もしていない違いはあるけれども。「これが五番目の子でございます。世間へ出さぬものですから、おどおどしておりまして……。」

魯迅／竹内好訳「故郷」〈「魯迅文集 第一巻」〉より

2 ——線の片仮名を漢字で書きなさい。

各5点

① 子供をデキアイする。

② 運転手をヤトう。

③ 家のヘイを越える。

④ ビンボウな暮らし。

1								2			
(1)	(2)①	(2)②	(3)①	(3)②	(4)	(5)	(6)	①	②	③	④
			〜	〜							

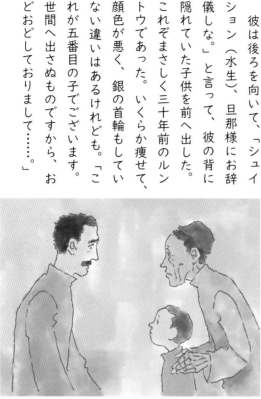

ぴたトレ 3 確認テスト②

故郷

時間20分　／100点　合格75点

解答 p.10

1 思考・判断・表現　文章を読んで、問いに答えなさい。

教科書110ページ10行～111ページ19行

古い家はますます遠くなり、故郷の山や水もますます遠くなる。だが名残《なごり》惜しい気はしない。①自分の周りに目に見えぬ高い壁があって、その中に自分だけ取り残されたように、気がめいるだけである。すいか畑の銀の首輪の小英雄の面影は、元は鮮明このうえなかったのが、今では急にぼんやりしてしまった。これもたまらなく悲しい。

母とホンルとは寝入った。

私も横になって、船の底に水のぶつかる音を聞きながら、今、自分は、②自分の道を歩いているとわかった。思えば③私とルントウとの距離は全く遠くなったが、若い世代は今でも心が通い合い、現にホンルはシュイションのことを慕っている。せめて彼らだけは、私と違って、互いに隔絶することのないように……とはいっても、彼らが一つ心でいたいがために、私のように、むだの積み重ねで魂をすり減らす生活を共にすること

(1) ――線①「自分の周りに……取り残されたように」とは、どんなことをたとえていますか。適切な言葉を答えなさい。　完答10点

故郷の人々、特に□□□と心が通わなくなったことに、深い絶望と□□感をもったということ。

(2) ――線②「自分の道を歩いている」とは、どんな意味ですか。「選択」という言葉を用いて答えなさい。　10点

よく出る (3) ――線③「私とルントウとの……遠くなった」と、ほぼ同じ意味を表す部分を、文章中から七字で抜き出しなさい。　10点

(4) ――線④「希望」とありますが、「私」の「希望」とはどんなことですか。簡潔に答えなさい。　10点

よく出る (5) ――線⑤「私はどきっとした。」とありますが、それはなぜですか。次から一つ選び、記号で答えなさい。　10点

ア ルントウが香炉と燭台を所望した理由を思い出したから。

イ ルントウが望むものは手に入るのに、「私」の望むものは手に入りにくいと気づいたから。

ウ 「私」のいう希望も、自分だけが信じている一種の偶像ではないかと気づいたから。

(6) 「私」の希望を象徴的に表しているものを、文章中から六字で抜き出しなさい。　10点

考える (7) ――線⑥「それは地上の道のようなものである。」とありますが、なぜそのようにいえるのですか。「道」「希望」「実現」という言葉を用いて答えなさい。　20点

は願わない。また、ルントウのように、打ちひしがれて心が麻痺《ひ》する生活を共にすることも願わない。また、他の人のように、やけを起こして野放図に走る生活を共にすることも願わない。④希望をいえば、彼らは新しい生活をもたなくてはならない。私たちの経験しなかった新しい生活を。

　希望という考えが浮かんだので、⑤私はどきっとした。たしかルントウが香炉と燭台《しょくだい》を所望したとき、私は、相変わらずの偶像崇拝だな、いつになったら忘れるつもりかと、心ひそかに彼のことを笑ったものだが、今私のいう希望も、やはり手製の偶像にすぎぬのではないか。ただ、彼の望むものはすぐ手に入り、私の望むものは手に入りにくいだけだ。

　まどろみかけた私の目に、海辺の広い緑の砂地が浮かんでくる。その上の紺碧《べき》の空には、金色《こんじき》の丸い月が懸かっている。思うに希望とは、もともとあるものともいえぬし、ないものともいえない。⑥それは地上の道のようなものである。もともと地上には道はない。歩く人が多くなれば、それが道になるのだ。

魯迅／竹内好訳「故郷」〈「魯迅文集　第一巻」〉より

2 ――線の片仮名を漢字で書きなさい。　各5点

① ツヤのいいりんご。
② チクショウと悪口を言う。
③ おダチンをもらう。
④ 商店のダンナになる。

1 (1)	1 (2)	1 (3)	1 (4)	1 (5)	1 (6)	1 (7)	2 ①	2 ②	2 ③	2 ④

ぴたトレ 1
要点チェック

言葉2 慣用句・ことわざ・故事成語

解答 p.11

1 新しく習った漢字　読み仮名を書きなさい。

①猿（　　）　②駒（　　）　③虎穴（　　）　④呉越（　　）

2 慣用句　慣用句の意味を下から選び、記号で答えなさい。

①（　）腕を振るう
②（　）お茶を濁す
③（　）根も葉もない

ア 何の根拠もない、いいかげんな。
イ 力や技術を十分に発揮する。
ウ いい加減なことを言って、その場をごまかす。

3 ことわざ　当てはまる言葉を後から選び、記号で答えなさい。

① 棚から（　）…思いがけない幸運にあうこと。
②（　）に塩　…元気がなく、しょんぼりしていること。
③ 月夜に（　）…あっても無用なことのたとえ。
④（　）の長物　…あっても役に立たず、かえってじゃまになるもの。

ア 提灯《ちょうちん》　イ 無用　ウ ぼた餅　エ 青菜

スタートアップ

慣用句

☑ 二つ以上の言葉が一まとまりになり、もともとの言葉の意味とは別の意味になるもの。

● 身近な物事に関係のある言葉を使ったものが多い。

例 体や心に関係のある言葉を使ったもの
肩を落とす…落胆する。／心を砕く…苦心する。

衣食住に関係のある言葉を使ったもの
枕を高くする…安心して寝る。
げたを預ける…相手に処理を任せる。

動植物に関係のある言葉を使ったもの
虎の尾を踏む…きわめて危険な様子。
花が咲く…にぎやかになる。盛んになる。

ことわざ・故事成語

☑ ことわざ…古くから言いならわされてきた言葉で、生活上の知恵や教訓が込められたもの。

例 馬の耳に念仏…いくら言い聞かせてもむだなこと。

☑ 故事成語…中国の古典に由来し、歴史的な事実や言い伝えを基にしてできた言葉。

例 破天荒…今まで誰も成しえなかったことをすること。

言葉2 慣用句・ことわざ・故事成語

タイムトライアル 10分

解答 p.11

1 慣用句について、答えなさい。

次は、体・衣食住・動植物に関係する言葉を使った慣用句です。下の意味を参考にして、（　）に当てはまる言葉を後から選び、記号で答えなさい。

① （　）が高い…その人の家に行きにくい状態である。
② （　）二つ…顔形がよく似ていること。
③ （　）の遠ぼえ…臆病者が陰で威張ること。
④ （　）を引っ張る…人の仕事や成功を妨げる。
⑤ （　）が上がらない…出世・活躍ができない。
⑥ （　）にぶつかる…障害にあって行き詰まる。
⑦ （　）の額…土地や庭などが非常に狭い様子。
⑧ （　）が鳴る…自分の技量を示したくて心がはやる。

ア 足　**イ** 犬　**ウ** 猫　**エ** うだつ
オ 敷居　**カ** 腕　**キ** 瓜　**ク** 壁

2 ことわざ・故事成語について、答えなさい。

(1) 次の意味のことわざを後から選び、記号で答えなさい。

① 無言のうちに、気持ちが相手に通じること。
② 不運の上に不運が重なること。
③ つまらぬものでも、ないよりはましである。
④ 再び元のつまらない状態に戻ること。
⑤ 何事も我慢して続ければ、やがて報われること。

ア 石の上にも三年　**イ** 枯れ木も山のにぎわい
ウ 弱り目にたたり目　**エ** 元の木阿弥《もくあみ》　**オ** 以心伝心

(2) 次のことわざの使い方が適切なものを後から選び、記号で答えなさい。

・立て板に水
ア 彼は演壇に立つと、立て板に水のように話し出した。
イ 彼に何度も注意したが、立て板に水だった。
ウ 彼の泳ぎは、まさに立て板に水だ。

(3) 次の故事成語の意味を後から選び、記号で答えなさい。

① 青雲の志　② 馬脚を現す　③ 蛍雪の功
④ 五十歩百歩　⑤ 塞翁《さいおう》が馬

ア 人生の幸・不幸は予測しがたいこと。
イ 本質的には、どちらも変わりがないこと。
ウ 包み隠していたことが露見すること。
エ 立身出世を願う気持ち。
オ 苦労して学問に励むこと。

1		2		
①	⑥	(1)	(2)	(3)
①	⑥	①		①
②	⑦	②		②
③	⑧	③		③
④		④		④
⑤		⑤		⑤

ぴたトレ 1
要点チェック

漢字2 漢字の造語力
（漢字に親しもう3）

解答 p.11

1 新しく習った漢字　読み仮名を書きなさい。

① 休憩（　　）
② 消耗（　　）
③ 克明（　　）
④ 侮辱（　　）
⑤ 凡庸（　　）
⑥ 庶民（　　）
⑦ 不祥事（　　）
⑧ 鎮圧（　　）
⑨ 令嬢（　　）
⑩ 中枢（　　）
⑪ 粛正（　　）
⑫ 剛健（　　）
⑬ 胸算用（　　）
⑭ 筆舌（　　）
⑮ 未曾有（　　）
⑯ 面目（　　）
⑰ 助太《だ》刀《ち》（　　）
⑱ 閉塞感（　　）
⑲ 葛藤（　　）
⑳ 辛辣（　　）
㉑ 憂鬱（　　）
㉒ 主宰（　　）
㉓ 滋養（　　）
㉔ 才媛（　　）

2 重要語句　正しい意味を下から選び、記号で答えなさい。

①（　　）恣意
②（　　）適宜

ア　状況によく合っていること。適切なこと。
イ　思うままに振る舞う心。気ままな考え方。

スタートアップ

翻訳語

☑ 西洋の学問や文化を取り入れるために、日本にはない事柄や考えを日本語に翻訳する際に作られた語。

☑ 漢字は一字一字意味をもっているため、組み合わせることで新しい語を作る造語力をもっている。

例 社会…［英語］society
憲法…［英語］constitution
自由…［英語］freedom／liberty

新しい語

☑ 社会や生活の変化によって新しい事柄や考え方、制度が生まれ、それらを表す新しい語が作られた。

例 個食…家族の一人一人が違う時間に一人で食事をすること。

☑ 熟語を組み合わせた長い語は、主な意味を表す漢字だけを残して、省略することもある。

例 入試…［元の語］入学試験
私鉄…［元の語］私有鉄道

新しい語は次々と生まれているよ。例えば、「就活」（就職活動）をもじった「婚活」（結婚相手を見つけるための積極的な活動）なども、日常的に使われているね。

タイム トライアル 10分

解答 p.11

1 翻訳語について、答えなさい。

(1) 次の意味に合う熟語を後から選び、記号で答えなさい。

① 国の統治体制の基礎を定めた根本法。
② 社会や人生などに対する一定の考え。
③ 健康に注意し、病気を予防すること。
④ 事物が人の心に直接与える感じや影響。

ア 印象	**イ** 衛生	**ウ** 憲法	**エ** 思想

(2) 次の熟語の対義語になるように、□に当てはまる漢字を下から選んで書きなさい。

① 平凡↔□凡　② 未熟↔□熟
③ 生産↔□費　④ 即位↔□位

消	非	退	成

(3) □に当てはまる熟語を下から選び、四字熟語を作りなさい。

① 勧善□　② 雲散□
③ 軽挙□　④ □西走

懲悪	霧消	東奔	妄動

2 新しい語について、答えなさい。

熟語の構成を考え、例にならって分解しなさい。

例 食料自給率→食料・自給・率

① 国民健康保険
② 民間非営利団体
③ 国家公安委員会
④ 文部科学省

3 漢字の類義語・対義語・四字熟語について、答えなさい。

(1) ――線の類義語を後から二つ選び、記号で答えなさい。

① 政治家は大衆の声に耳を傾けるべきだ。
② 事故の原因を丹念に調査する。
③ 白旗を掲げて降参する。
④ 通行の邪魔になる障害物を撤去する。

ア 克明	**イ** 除去	**ウ** 投降	**エ** 民衆
オ 降服	**カ** 周到	**キ** 排除	**ク** 庶民

1	1	1	1
①	②	③	④

2	2	2	2
①	②	③	④

3	(1)	(2)	(3)
①			
②			
③			
④			

ぴたトレ 1 要点チェック

人工知能との未来

羽生《はぶ》 善治《よしはる》

解答 p.11

1 新しく習った漢字　読み仮名を書きなさい。

①将棋（　　）

2 重要語句　正しい意味を下から選び、記号で答えなさい。

①（　）言説
②（　）浸透する
③（　）膨大
④（　）美意識
⑤（　）危惧する
⑥（　）視座
⑦（　）委ねる
⑧（　）建設的
⑨（　）顕著

ア　数量や規模などが非常に大きい様子。
イ　物を見る立場・姿勢。
ウ　あることが特に目立っている様子。
エ　処置などを人に任せる。
オ　物事をよくしていこうとする様子。
カ　意見を言ったり説明したりすること。
キ　美しいものを感じとる心の働き。
ク　物事の結果を心配しておそれる。
ケ　思想や風潮などが、しだいに行き渡る。

3 論理の展開　「人間」「人工知能」のどちらかを書きなさい。

①序論…人工知能に（　　　）はどう向き合うべきか。

②本論…・将棋ソフトで棋士が直面する二つの「違和感」。

・（　　　）は「美意識」で物事を判断する。

・（　　　）のリスクを危惧するより、今後どう対応するかを考えるほうが現実的だ。

・（　　　）から新たな思考や見方をつむぐという発想が建設的だ。

③結論…（　　　）が学習し、（　　　）も人工知能から学ぶというのが、これからの新しい関係だ。

得点UPポイント

筆者の考える人工知能との関係を読み取る！

☑将棋ソフトに対する二つの違和感の事例から、人工知能の性質を捉える。
☑人工知能と人間の判断の仕方の違いを読み取る。
☑結論での、筆者の主張を読み取ろう。

左の文章では、棋士が将棋ソフトに感じる「違和感」について、書かれているよ。

人工知能との未来

タイムトライアル 10分

解答 p.12

1 読解問題 文章を読んで、問いに答えなさい。

教科書124ページ上12行〜125ページ上2行

一つは、人工知能の思考は過程がブラックボックスになっていることです。将棋ソフトは、過去の膨大なデータを基に、目の前の局面が有利か不利かの形勢を判断する、①評価値とよばれる数値を出します。数がプラスに大きければ大きいほど有利で、マイナスに大きければ大きいほど不利となります。この評価値は極めて有効に働くため、現在はプロ棋士が参考にするようになっています。しかし、膨大な情報をどのように処理してその結論に至ったのか、人間にはわからないのが現状です。社会が人工知能を受容していく中で、意思決定の過程がブラックボックスになることには、②多くの人が不安を覚えると思います。

もう一つ、将棋ソフトを使う棋士の間でいわれるのは、人工知能には「恐怖心がない」ということです。人工知能はただただ過去のデータを基に次の一手を選ぶため、人間であれば危険を察知して不安や違和感を覚えるような手でも、平然と指してきます。私たち棋士は、そこに恐怖を感じるのです。これを、例えば人工知能ロボットに置き換えてみると、どうでしょう。安心感や安定感など、人間が無意識に求める価値や倫理を共有していない相手と、③安心して社会生活を営めるものでしょうか。私には正直、確信がもてません。

羽生 善治「人工知能との未来」より

(1) ――線①「評価値」とありますが、将棋ソフトにおける「評価値」とはどんな数値ですか。それが書かれた部分を「〜数値。」に続くように探し、初めと終わりの五字を抜き出しなさい。

□□□□□〜□□□□□数値。

ヒント ――線①を含む文をよく読もう。

(2) ――線②「多くの人が不安を覚える」とありますが、それはなぜですか。次の□に当てはまる言葉を文章中から抜き出しなさい。

人工知能がどのような過程を経て、その□□に至ったのかが、□□□□□□□□になっているから。

ヒント 人工知能のどんなことが人間にはわからないのかを読み取ろう。

(3) ――線③「安心して……ものでしょうか。」とありますが、それは人工知能ロボットがどんな相手だからですか。それが書かれた部分を二十五字で探し、初めと終わりの五字を抜き出しなさい。

□□□□□〜□□□□□

ヒント 「相手」という言葉に着目しよう。

ぴたトレ 1 要点チェック

人間と人工知能と創造性

松原《まつばら》仁《ひとし》

解答 p.12

1 重要語句　正しい意味を下から選び、記号で答えなさい。

①（　　）創造性
②（　　）領域
③（　　）賜物《たまもの》
④（　　）偏り
⑤（　　）陥る
⑥（　　）頻度
⑦（　　）無意識
⑧（　　）水準
⑨（　　）依然

ア　好ましくない状態になる。
イ　一方によってバランスが取れないこと。
ウ　はっきりした意識なしで行うこと。
エ　結果として得たよい事態。
オ　もとのままである様子。
カ　新しい物事をつくり出す性質。
キ　物事の価値・機能などの一定の標準。
ク　ある物事の関係が及ぶ範囲。
ケ　繰り返し起こる度合い。

「人工知能との未来」と比較して読み、「人工知能」との付き合い方について、自分なりに考えてみよう。

2 論理の展開　「人間」「コンピュータ」のどちらかを書きなさい。

① 序論…人工知能研究は、人工物に知能をもたせることを目ざし、「私」は、人工知能と創造性の関係を研究してきた。

② 本論…（　　）に小説を書かせる研究。
・思いつくだけなら（　　）のほうが得意。
・（　　）は偏りのないものを量産できる。
・（　　）は優れたものを選出する「評価」ができるが、（　　）には難しい。
・人間とコンピュータが協力し創作するのがよい。

③ 結論…（　　）は「評価」の能力を養うことが大切。

得点UPポイント
人工知能との関係で必要なものを捉える！

☑ コンピュータ（人工知能）と人間それぞれの、得意なもの、苦手なものを読み取る。
☑ コンピュータと人間が補完し合う関係を読み取る。
☑ 筆者が必要だと考えている能力は何かを捉える。

左の文章では、筆者が目ざして研究していることが書かれているよ。

人間と人工知能と創造性

タイムトライアル 10分

解答 p.12

1 読解問題

文章を読んで、問いに答えなさい。

教科書126ページ上1行〜下2行

人工知能の研究者は、コンピュータやロボットなどの①人工物に知能をもたせることを目ざして研究している。人間の知っている範囲で最も高度な知能をもっているのは人間自身なので、人工知能は人間のような知能を目ざすことになる。人間は「いろいろなこと」ができる。例えば、言葉を話したり理解したりできる（人工知能では「自然言語処理」という領域になる）。目で見たものが何かを理解できる（「画像認識」という）。耳で聞いたことを理解できる（「音声認識」という）。人間の知能というのは、これらいろいろな能力を合わせたものなのである。人工知能研究は、こうしたさまざまな能力を、コンピュータにもたせようとしている。

私は、人間とは何か、人間の知能とは何かを知りたいと考え、特に人工知能と②創造性の関係について研究を重ねてきた。創造性とは、新しいことを思いつく能力だ。創造性は、画家や作家など特定の人たちだけがもっている能力ではなく、誰もがもっている。みんなが絵を描いたり文章を書いたりできるのは、創造性の賜物なのである。

松原 仁「人間と人工知能と創造性」より

(1) ――線①「人工物に知能をもたせることを目ざして」とありますが、人工物にどんな知能をもたせようとしているのですか。文章中から八字で抜き出しなさい。

ヒント 研究者としては、「高度な知能」をもたせることを目ざすよね。

(2) 次の説明に当てはまる専門的な用語を後から一つずつ選び、記号で答えなさい。

① 聞いたことを理解できる。
② 見たものが何かを理解できる。
③ 言葉を話したり理解したりできる。

ア 音声認識
イ 自然言語処理
ウ 画像認識

①（　）②（　）③（　）

ヒント 第一段落の内容を読み取ろう。

(3) ――線②「創造性」についての説明として適切なものを次から一つ選び、記号で答えなさい。

ア 特定の人たちがもっている、新しいことを思いつく能力。
イ 思いついたことを表現によって説明する能力。
ウ 誰もがもっている、新しいことを思いつく能力。

（　）

ヒント 以後の内容から「創造性」の説明を読み取ろう。

ぴたトレ 3 確認テスト

人工知能との未来
人間と人工知能と創造性

時間20分 ／100点 合格75点

解答 p.12

1 思考・判断・表現

文章を読んで、問いに答えなさい。 教科書125ページ上21行～下17行／127ページ下3行～下20行

A

さらにいえば、①人工知能は、うまく活用すれば人間にとって大きな力となるはずです。将棋ソフトは人間が考えもしない手を指すと述べましたが、それは、自分の視座が変わるような見方を教えてくれるということでもあります。「自分はこう思うが、人工知能はどう判断するのか。」と、あくまでセカンドオピニオンとして人工知能を使っていく道もあるでしょう。また、人工知能が出した結論を基に、それが導き出された過程を分析し、自分の思考の幅を広げていく道もあるはずです。人工知能に全ての判断を委ねるのではなく、人工知能から新たな思考やものの見方をつむいでいこうとする発想のほうが、より②建設的だと思います。

実際、将棋界では既に、人工知能が提示したアイデアを参考に新しい手が生み出されたり、そこから将棋の技術が進歩したりするケースが多く起こっています。人工知能によって人間の「美意識」そのものが変わっている顕著な事例だといえるでしょう。人工知能が学習するいっぽうで、人間の側も人工知能から学ぶ。人間と人工知能が共に生きる時代の、新しい関係がそこにあるように思います。

B

ここに、③人間と人工知能の関係の中で人間が果たすべき役割を考

(1) ――線①「人工知能は、……大きな力となるはず」とありますが、筆者はどんな活用の道（手段）を挙げていますか。それが書かれた部分を文章中から二十七字と四十四字で探し、それぞれ初めと終わりの五字を抜き出しなさい。 各10点

よく出る

(2) ――線②「建設的」とありますが、何よりも何のほうが「建設的」だと言っていますか。次から一つ選び、記号で答えなさい。 10点

ア 人工知能の判断を信じるよりも、自分の思考やものの見方を信じて判断をしていくことのほうが建設的だ。

イ 人工知能に全判断を委ねるよりも、人工知能から新たな思考やものの見方をつむいでいこうとする発想のほうが建設的だ。

ウ 人工知能から新たな思考やものの見方をつむいでいくことよりも、人工知能に全判断を委ねるほうが建設的だ。

よく出る

(3) ――線③「人間と人工知能の関係の中で人間が果たすべき役割」について、答えなさい。

① 筆者は「人間と人工知能の関係」について、どうすることがよいと考えていますか。文章中の言葉を用いて答えなさい。 10点

② 創造的な活動において、「人間の果たすべき役割」はどんなことだと述べていますか。具体的に答えなさい。 10点

考える

(4) A・Bそれぞれの文章で、筆者が主張しているのはどんなことですか。それぞれ文章中の言葉を用いてまとめなさい。 各15点

えるヒントがあると思う。人間とコンピュータは得意なことが異なる。したがって、それぞれが得意なことを分担し、共同して物事に当たるのがよい。例えば、創造的な活動においても、コンピュータがアイデアをたくさん出し、人間がそれらを評価して具体的な完成品にしていくのが、（限られた時間内に一定水準以上のものを作るという意味では）生産性が高くなるはずである。また、人間と人工知能が協力して創作することで、新しい価値を生み出すこともできるかもしれない。

　人工知能はこれからも進歩していく。しかし、コンピュータが苦手とし、人間のほうが得意とすることは依然として残り続ける。コンピュータはよりたくさんの候補を作れるようになっていくだろう。だから人間も、これまで以上に評価の能力を伸ばさないといけない。評価を適切にこなすためには、さまざまな経験を積んでバランスの取れた知識をもち、何がよくて何が悪いかの判断力を養うことが大切だ。それが、これからの時代に必要な力である。

A 羽生 善治「人工知能との未来」より
B 松原 仁「人間と人工知能と創造性」より

2 ——線の片仮名を漢字で書きなさい。 各5点

① 自然カンキョウを守る。
② ボウダイな量のごみ。
③ 考え方にカタヨりがある。
④ 敵の術中にオチイる。

1							2	
(1)	(2)	(3)		(4)			①	③
〜 〜		①	②	A	B		②	④

ぴたトレ 1

要点チェック

音読を楽しもう　初恋

（漢字に親しもう4）

島崎《しまざき》　藤村《とうそん》

解答 p.13

1 新しく習った漢字　読み仮名を書きなさい。

① 褐色（　　）　② 湖畔（　　）　③ 炎（　　）　④ 脊椎（　　）
⑤ 亜熱帯（　　）　⑥ 勾配（　　）　⑦ 旋回（　　）　⑧ 山麓（　　）
⑨ 苦杯（　　）　⑩ 詠唱（　　）　⑪ 郷愁（　　）　⑫ 哀悼（　　）
⑬ 怠惰（　　）　⑭ 戦慄（　　）　⑮ 子守り（　　）　⑯ 声色（　　）
⑰ 岩室（　　）　⑱ 耳鼻科（　　）　⑲ 迷路（　　）　⑳ 初恋（　　）

2 重要語句　正しい意味を下から選び、記号で答えなさい。

①（　　）哀悼　　ア　恐ろしくて身震いすること。
②（　　）戦慄　　イ　…始めた。
③（　　）…初《そ》めし　　ウ　人の死を悲しみいたむこと。

スタートアップ

「初恋」について

☑ 用語・形式上の分類…文語定型詩
（文語定型詩とは、現在あまり使われていない言葉で書かれた、音数に一定の決まりがある詩のこと。）

☑ 音調…各行が七音＋五音で書かれた、七五調。

☑ 表現

●「酌《く》みしかな」➡終助詞（切れ字）「かな」。感動を表す。

●「問ひたまふこそこひしけれ」➡係り結び。感動の強調。

●「林檎《りんご》」「薄紅《うすくれない》の秋の実」（＝「林檎の実」）「林檎畠《ばたけ》」
➡初恋の象徴であるとともに、時間の経過を表す。

連の構成

第一連	成長した「君」との出会いと憧れ。
第二連	「君」への恋の始まり。
第三連	「君」との恋の成就《じょうじゅ》。
第四連	「君」との恋の深まりと回想。

みずみずしい「初恋」をうたった詩だよ。七五調のリズムに合わせて、音読しよう。

音読を楽しもう　初恋

解答 p.13

1 読解問題　詩を読んで、問いに答えなさい。

教科書140ページ～141ページ

初恋　　島崎藤村

まだあげ初めし前髪の
林檎のもとに見えしとき
前にさしたる花櫛《はなぐし》の
花ある君と思ひけり

やさしく白き手をのべて
林檎をわれにあたへしは
薄紅の秋の実に
人こひ初めしはじめなり

わがこころなきためいきの
その髪の毛にかかるとき
たのしき恋の盃《さかづき》を
君が情《なさけ》に酌みしかな

林檎畠の樹《こ》の下《した》に
おのづからなる細道は
誰《た》が踏みそめしかたみぞと
問ひたまふこそこひしけれ

(1) 第一連に「まだあげ初めし前髪の」とありますが、この表現から、この詩にある「君」がどんな女性だとわかりますか。次から一つ選び、記号で答えなさい。

ア　前髪をかきあげるしぐさが美しい、若い女性。
イ　前髪を結い上げた姿が印象的な大人の女性。
ウ　前髪をあげて結い始めたばかりの初々《ういうい》しい女性。

（　　）

ヒント　「あげ初めし」に着目しよう。

(2) 第二連に「人こひ初めしはじめなり」とありますが、そのきっかけとなったのはどんなことですか。それが書かれた二行の、初めの四字を抜き出しなさい。

□□□□

ヒント　第二連での「君」のしぐさに着目しよう。

(3) この詩にはどんな心情が歌われていますか。次から一つ選び、記号で答えなさい。

ア　初恋がなかなか成就しない少年の心の嘆きと、ようやく成就した恋を失うことへの不安な心情。
イ　初恋に目覚めた少年の一途な恋心と、その恋が成就し、深まったことに対する喜びの心情。
ウ　少年の頃の初恋の思い出に浸りながら、もう一度あの頃に戻りたいという切ない心情。

（　　）

ヒント　連ごとの時間の経過に着目し、内容を捉えよう。

ぴたトレ 1 要点チェック

和歌の世界 音読を楽しもう 古今《こきん》和歌集 仮名序

解答 p.13

1 歴史的仮名遣い

現代仮名遣いに直し、平仮名で書きなさい。

① よろづ →（　　　）
② 思ふ →（　　　）
③ 言ひ出《いだ》せる→（　　　）
④ 鶯《うぐひす》 →（　　　）
⑤ 蛙《かはづ》 →（　　　）
⑥ いづれか →（　　　）
⑦ あはれ →（　　　）
⑧ 男女《をとこをんな》 →（　　　）

2 重要語句

正しい意味を下から選び、記号で答えなさい。

①（　）よろづ
②（　）いづれか
③（　）あはれ
④（　）猛《たけ》し
⑤（　）慰《なぐさ》む

ア どれが……か。
イ 勇ましい。勇猛だ。
ウ いろいろ。多種多様。
エ 人の心を和らげる。なだめる。
オ しみじみとした様子。

スタートアップ

「万葉集」「古今和歌集」「新古今和歌集」について

歌集	成立	巻数・歌数	撰《せん》者《じゃ》	特色と主な表現技法
万葉集	奈良時代末頃 現存する日本最古の歌集	二十巻 約四千五百首	大伴《おおともの》家持《やかもち》といわれる	天皇から農民まで広い階層の素朴な感動が力強く歌われている。枕詞《まくらことば》・序詞《じょことば》
古今和歌集	平安時代初期 最初の勅撰《ちょくせん》和歌集	二十巻 約千百首	紀貫之《きのつらゆき》 凡河内躬恒《おおしこうちのみつね》 紀友則《きのとものり》 壬生忠岑《みぶのただみね》	技巧を凝らした、繊細・優美な歌が多い。掛詞《かけことば》・比喩
新古今和歌集	鎌倉時代初期 八番目の勅撰和歌集	二十巻 約千九百八十首	藤原有家《ふじわらのありいえ》 藤原定家《さだいえ》 藤原家隆《いえたか》 他	繊細な感情や自然美を象徴的に表現した歌が多い。体言止め・倒置

「古今和歌集 仮名序」について

☑ 仮名で書かれた序文で、紀貫之が書いたとされている。
☑ 和歌の本質を植物にたとえて説いた部分、撰者たちの和歌についての見解、「六歌仙《ろっかせん》」などの歌人たちを評した部分などがある。
・他に、漢文で書かれた「真名《まな》序」がある。

音読を楽しもう 古今和歌集 仮名序

タイムトライアル 10分

解答 p.13

1 読解問題 文章を読んで、問いに答えなさい。

教科書146ページ～147ページ

①やまとうたは、人の心を種として、
よろづの言《こと》の葉とぞなれりける。
世の中にある人、ことわざ繁《しげ》きものなれば、
心に思ふことを、
見るもの、聞くものにつけて、②言ひ出せるなり。
花に鳴く鶯、水にすむ蛙の声を聞けば、
生きとし生けるもの、
いづれか歌をよまざりける。
力をも入れずして、天地《あめつち》を動かし、
目に見えぬ鬼神《おにがみ》をも、あはれと思はせ、
男女のなかをも和らげ、
猛き武士《もののふ》の心をも、慰むるは歌なり。

「古今和歌集　仮名序」より

(1) この文を書いたのは、誰だとされていますか。

（　　　　）

ヒント 歌人としても有名で、この和歌集の撰者の一人でもあるよ。

(2) ——線①「やまとうたは、……なれりける。」では、何を「種」に、何を「葉」にたとえていますか。それぞれ抜き出しなさい。

種（　　　　）　葉（　　　　）

ヒント 何を種として、何が葉になったのかを考えよう。

(3) ——線②「言ひ出せるなり。」とありますが、誰が、何を言い表したのですか。次から一つ選び、記号で答えなさい。

ア 生きとし生けるものが、見たこと聞いたことを言い表した。
イ 世の中の人々が、見たり聞いたりしたものを言い表した。
ウ 世の中の人々が、心に思うことを言い表した。

（　　）

ヒント まず主語を見つけて、「何を」に当たる部分を探そう。

(4) 和歌にはどんな働きがあると述べていますか。それが書かれた一文を探し、初めの六字を抜き出しなさい。

□□□□□□

ヒント 対句を用いて、畳み込むように書かれているよ。

ぴたトレ 1 要点チェック

君待つと――万葉・古今・新古今

解答 p.13

1 新しく習った漢字 読み仮名を書きなさい。

① 古今集《しゅう》（　　）
② 羽衣（　　）
③ 貴い（　　）
④ 鼻緒（　　）

2 重要語句 正しい意味を下から選び、記号で答えなさい。

①（　　）神《かむ》さぶ
②（　　）天《あま》の原
③（　　）さやか（なり）
④（　　）おどろく

ア　はっきりしている様子。
イ　はっと気づく。
ウ　大空。広い空。
エ　神々しい姿をしている。

3 係り結び ――線の係りの助詞の結びを書きなさい。

① 「山までは見ず。」とぞいひける。（　　）
② さぬきのみやつことなむいひける。（　　）
③ 竜の首の玉やとりておはしたる。（　　）
④ 何事かありけん、……（　　）
⑤ 尊くこそおはしけれ。（　　）

スタートアップ

和歌の表現技法

表現技法	働き・用例
枕詞《まくらことば》	・多くは五音から成り、五七調のリズムを整え、後に続く特定の語句を修飾する。 ・普通、現代語訳をしない。 例 ひさかたの光のどけき春の日にしづ心なく花の散るらむ　紀《きの》友則《とものり》 「ひさかたの」が「光」を導く枕詞
序詞《じょことば》	・枕詞同様ある語句を導くが、後に続く語句は特定されていない。 ・内容を具体的に表すので、現代語訳する。 例 陸奥《みちのく》のしのぶもぢずり誰《たれ》ゆゑに乱れそめにし我ならなくに　河原《かはらの》左大臣《さだいじん》 「陸奥のしのぶもぢずり」が「乱れ」を導く序詞
掛詞《かけことば》	・一つの語に二つ以上の同音の語の意味を重ね、文脈を重層させる。 例 花の色はうつりにけりないたづらにわが身世にふる《降る／経る》ながめ《長雨／眺め》せし間に　小野《をのの》小町《こまち》 「ふる」に「降る」と「経る」の、「ながめ」に「長雨」と「眺め」の意を重ねた掛詞

和歌を読むときには、疑問や感動を強調する係り結びにも注意しよう。

ぴたトレ 2

練習

君待つと――万葉・古今・新古今

タイムトライアル 12分

解答 p.13

1 読解問題

和歌を読んで、問いに答えなさい。

教科書148ページ～152ページ

春過ぎて夏来《きた》るらし白たへの衣干したり天《あめ》の香具《かぐ》山　持統《じとう》天皇 ……A

東《ひむがし》の野に炎《かぎろひ》の立つ見えてかへり見すれば月傾《かたぶ》きぬ　柿本人麻呂《かきのもとのひとまろ》 ……B

多摩《たま》川にさらす手作りさらさらに何そこの児《こ》のここだ愛《かな》しき　東歌《あづまうた》 ……C

秋来《き》ぬと目にはさやかに見えねども風の音にぞおどろかれぬる　藤原敏行《ふぢはらのとしゆき》 ……D

玉の緒よ絶えなば絶えねながらへば忍ぶることの弱りもぞする　式子《しよくし》内親王 ……E

「君待つと――万葉・古今・新古今」より

(1) Aの和歌で「夏来るらし」とありますが、何を根拠にそう思ったのですか。和歌の中から九字で抜き出しなさい。

ヒント 作者は、天の香具山に何を見たのかを読み取ろう。

(2) Bの和歌は、どんな情景を詠《よ》んだものですか。次から一つ選び、記号で答えなさい。

ア 太陽と月を東西に配した、夜明けの野原の静かな情景。
イ 夜明け前の暗い野原を、独り歩く寂しげな情景。
ウ 太陽と月の明るく照る野原で、人々が騒ぐ情景。

（　　）

ヒント 「炎」は、「明け方、空に差してくるほのかな光」のことだよ。

(3) Cの和歌から、序詞を抜き出しなさい。

（　　）

ヒント ここでは、導く語句が二重の意味になっているよ。

(4) 次の心情を詠んでいる和歌はどれですか。記号で答えなさい。

① 風の音に秋の訪れを知りはっとした心情。（　　）
② 耐えきれないほどの激しい恋心に悩む心情。（　　）

ヒント それぞれの文の中にある、ヒントとなる言葉を探そう。

ぴたトレ 3 確認テスト

君待つと――万葉・古今・新古今

時間20分　／100点　合格75点　解答 p.13

1 思考・判断・表現　和歌を読んで、問いに答えなさい。

教科書149ページ〜152ページ

天地《あめつち》の　分かれし時ゆ　神《かむ》さびて　高く貴《たふと》き　駿河《するが》なる　富士の高嶺《たかね》を　天《あま》の原　振り放《さ》け見れば　渡る日の　影も隠らひ　照る月の　光も見えず　白雲《しらくも》も　い行《ゆ》きはばかり　時じくそ　雪は降りける　語り継ぎ　言ひ継ぎ行かむ　富士の高嶺は　山部《やまべの》赤人《あかひと》……A

反歌《はんか》
田子《たご》の浦《うら》ゆうち出《い》でて見れば真白《ましろ》にそ富士の高嶺に雪は降りける……B

新《あら》しき年の初めの初春の今日降る雪のいやしけ吉事《よごと》　大伴《おおともの》家持《やかもち》……C

人はいさ心も知らずふるさとは花ぞ昔の香ににほひける　紀《きの》貫之《つらゆき》……D

(1) Aの和歌の形式を漢字二字で答えなさい。　10点

(2) B〜Gの和歌の中から、字余りの（定型の音数を超えている）ものを一つ探し、記号で答えなさい。　5点

(3) C・Gの和歌に共通して用いられている表現技法は何ですか。　10点

(4) Dの和歌から、①係りの助詞と、②結びを抜き出しなさい。　完答10点

(5) Dの和歌で、作者はどんなことを詠《よ》んでいますか。次から一つ選び、記号で答えなさい。　10点

ア 人の心はわからないが、花は昔のままに香っていることだ。

イ 花の香りと同じように、人の心も昔のままであったことだ。

ウ 人がどう思おうが、この花の香りがこの世で最上のものだ。

よく出る

(6) 次の鑑賞文は、A〜Fのどの和歌のものですか。記号で答えなさい。　各5点

① 神々しく高く貴い山の荘厳な姿を、高嶺に降る雪を配して歌っている。

② 新年を迎え、よいことが重なれと、命じるように歌っている。

③ 恋しい人が現れた夢を、いつまでも見ていたかったという切ない思いを歌っている。

④ 夏の旅の途中、ほんの少し休んだ木陰が思いのほか涼しく、つい時を過ごしてしまった作者の体験を歌っている。

考える

(7) Gの和歌に詠まれている情景を、「漁夫の家」「夕暮れ」という言葉を用いて答えなさい。　15点

思ひつつ寝《ぬ》ればや人の見えつらむ夢と知りせば覚めざらましを
小野《をのの》　小町《こまち》 ……E

道の辺に清水流るる柳かげしばしとてこそ立ちどまりつれ
西行法師《さいぎやうほふし》 ……F

見わたせば花も紅葉《もみぢ》もなかりけり浦の苫屋《とまや》の秋の夕暮《ゆふぐれ》
藤原《ふぢはらの》　定家《さだいへ》 ……G

「君待つと――万葉・古今・新古今」より

2 ――線の片仮名を漢字で書きなさい。　各5点

① コロモ替えの準備をする。
② 月が西にカタムく。
③ へそのオを切る。
④ 恥をシノんで相談する。

1							2	
(1)	(2)	(3)	(4)	(5)	(6)	(7)	①	③
			①		①			
					②			
			②		③		②	④
					④			

ぴたトレ 1 要点チェック

夏草――「おくのほそ道」から

松尾《まつお》 芭蕉《ばしょう》

解答 p.14

1 新しく習った漢字 読み仮名を書きなさい。

① 別荘（　　）　② 門出（　　）

2 重要語句 正しい意味を下から選び、記号で答えなさい。

① 百代《はくたい》（　　）　ア 旅人。
② 過客《くわかく》（　　）　イ 私。自分。
③ 予（　　）　ウ 長い年月。永遠。

3 「おくのほそ道」 次の俳句の季語と季節を答えなさい。

	季語	季節
① 閑《しづ》かさや岩にしみ入る蟬《せみ》の声	（　　）	（　　）
② 野を横に馬牽《ひき》むけよほととぎす	（　　）	（　　）
③ 五月雨《さみだれ》をあつめて早し最上《もがみ》川	（　　）	（　　）
④ 荒海や佐渡《さど》によこたふ天河《あまのがは》	（　　）	（　　）
⑤ むざむやな甲《かぶと》の下のきりぎりす	（　　）	（　　）

松尾 芭蕉「夏草――『おくのほそ道』から」より

スタートアップ

「おくのほそ道」について

☑ 作者…松尾芭蕉。江戸時代前期の俳人。蕉風《しょうふう》俳諧を創始。
☑ 内容…江戸から奥羽《おうう》・北陸を経て美濃《みの》国《のくに》（現在の岐阜県南部）大垣《おおがき》に至る、約二千四百キロメートルの大旅行での体験と見聞を記したもの。

「おくのほそ道」1・2の内容と特徴

	内容	特徴
1（深川《ふかがわ》）教154〜155ページ	「月日は……旅人なり。」 ↓時間は旅人であり、人生は旅そのものである。作者の人生観。 「古人も……旅に死せるあり。」 ↓旅に死んだ古人への憧れ。 「予も……別墅《べつしょ》に移るに」 ↓旅に出たくて落ち着かない。旅支度をし、芭蕉庵《あん》を人に譲る。	・漢語を多用した漢文調の文体。 例 百代・過客 江上《かうしやう》の破屋 ・対句表現の多用。
2（平泉《ひらいずみ》）教158〜159ページ	「三代の……見えたり。」 ↓藤原《ふじわら》三代の屋敷跡の描写。 「さても……落としはべりぬ。」 ↓義経《よしつね》主従の奮戦への感慨。 「かねて……記念《かたみ》とはなれり。」 ↓今も残る光堂《ひかりどう》への感慨。	・「1」と同様 ・数字の多用。 例 三代・二堂

ぴたトレ
2
練習

夏草――「おくのほそ道」から

タイムトライアル 10分

解答 p.14

1 読解問題

文章を読んで、問いに答えなさい。 教科書154ページ2行～155ページ10行

月日は百代の過客にして、行きかふ年もまた旅人なり。舟の上に生涯を浮かべ、馬の口とらへて老いを迎ふる者は、①日々旅にして旅をすみかとす。古人も多く旅に死せるあり。予もいづれの年よりか、片雲の風にさそはれて、漂泊の思ひやまず、海浜にさすらへて、去《こ》年《ぞ》の秋、江上の破屋に蜘蛛《くも》の古巣をはらひて、やや年も暮れ、春立てる霞《かすみ》の空に、白河《しらかは》の関越えむと、そぞろ神の物につきて心をくるはせ、道祖神《どうそじん》の招きにあひて、取るもの手につかず、股引《ももひき》の破れをつづり、笠《かさ》の緒付けかへて、三里に灸《きう》すゆるより、松島《まつしま》の月まづ心にかかりて、住めるかたは人に譲りて、杉風《さんぷう》が別墅に移るに、

②草の戸も住み替はる代ぞ雛《ひな》の家

面《おもて》八句を庵《あん》の柱に懸け置く。

松尾芭蕉「夏草――『おくのほそ道』から」より

(1) 作者の人生観とは、どんなものですか。文章から適切な言葉を抜き出しなさい。

時間は［　　］であり、人生は［　　］そのものである。

ヒント 冒頭の一文に着目。「月日」「年」＝「時間」だよ。

(2) ――線①「日々旅にして旅をすみかとす。」とありますが、そのような生き方をしているのはどんな人ですか。次から二つ選び、記号で答えなさい。

ア 作者　イ 馬子《まご》　ウ 杉風
エ 船頭　オ 農民

（　　）（　　）

ヒント 直前に「舟の上に……」「馬の口とらへて……」とあるよ。

(3) 旅に出たくて落ち着かない作者の様子がわかる部分を三十七字で探し、初めと終わりの四字を抜き出しなさい。（句読点は含まない。）

［　　　　］～［　　　　］

ヒント 「心をくるはせ」「取るもの手につかず」に着目しよう。

(4) ――線②「草の戸も……」の句の季語とその季節を答えなさい。

季語（　　）　季節（　　）

ヒント 季節がわかる言葉を探そう。

ぴたトレ 3 確認テスト

夏草――「おくのほそ道」から

時間20分

／100点
合格75点

解答 p.14

1 思考・判断・表現　文章を読んで、問いに答えなさい。

教科書158ページ2行～159ページ2行

①三代の栄耀《ええう》一睡のうちにして、②大門《だいもん》の跡は一里こなたにあり。秀《ひで》衡《ひら》が跡は田野《でんや》になりて、金鶏山《きんけいざん》のみ形を残す。まづ、③高館《たかだち》に登れば、北上《きたかみ》川南部より流るる大河なり。衣《ころも》川は、和泉《いづみ》が城《じやう》をめぐりて、高館の下にて④大河に落ち入る。泰衡《やすひら》らが旧跡は、衣《ころも》が関《せき》を隔てて南部口をさし固め、⑤夷《えぞ》を防ぐと見えたり。さても義臣すぐつて⑥この城に籠もり、⑦功名一時の草むらとなる。「⑧国破れて山河あり、城春にして草青みたり」と笠《かさ》打ち敷きて、時のうつるまで涙を落としはべりぬ。

夏草や兵《つはもの》どもが夢の跡

⑨卯《う》の花に兼房《かねふさ》見ゆる白毛《しらが》かな　曾良《そら》

松尾　芭蕉「夏草――『おくのほそ道』から」より

よく出る
(1) ――線①「三代の栄耀一睡のうちにして」とは、どんな意味ですか。次から一つ選び、記号で答えなさい。　5点

ア （藤原氏）三代にわたった栄華は、はかなく消え果て。
イ （藤原氏）三代で築いた栄華は、知らぬ間に衰退して。
ウ （藤原氏）三代にわたる栄華は、あっという間に築かれて。

(2) ――線②「大門の跡は一里こなたにあり。」とありますが、これはどんなことを表現していますか。次から一つ選び、記号で答えなさい。　5点

ア 藤原氏の居館の大門が、いかに巨大であったかということ。
イ 藤原氏の居館の規模が、いかに大きかったかということ。
ウ 藤原氏の居館が、いかに奥まった所にあったかということ。

(3) ――線③「高館に登れば、……大河なり。」では、「高館に登れば」に対応する述部が省略されていますが、どんな述部を補えばよいですか。必要な述部を補い、前後二つの文に分けて、現代語で書き直しなさい。　各5点

(4) ――線④「大河に落ち入る。」ものは何ですか。次から一つ選び、記号で答えなさい。　5点

ア 衣川　　**イ** 北上川
ウ 金鶏山

(5) ――線⑤「夷を防ぐと見えたり。」とありますが、何がそう見えるのですか。次から一つ選び、記号で答えなさい。　5点

ア 衣が関　　**イ** 泰衡らが旧跡
ウ 和泉が城

(6) ——線⑥「この城に籠もり」とありますが、城に籠もったのは、どんな人たちですか。 10点

(7) ——線⑦「功名一時の草むらとなる。」とは、どんなことをいっているのですか。次から一つ選び、記号で答えなさい。 5点

ア 人の功名は、いつか必ず評価されるものであること。

イ 人の功名は一時のことだが、名誉は永遠に記憶されること。

ウ 人の功名も一時のことで、むなしいものであること。

(8) ——線⑧「国破れて山河あり、城春にして草青みたり」とは、どんなことをいっているのですか。次から一つ選び、記号で答えなさい。 5点

ア 国は破壊されてしまい、自然も無残に荒れ果ててしまったこと。

イ 国は破壊されてしまったが、自然はもとのままであること。

ウ 自然が荒れ果てた国は、いずれ滅びてしまう運命にあること。

(9) ——線⑨「卯の花に……」の句の季語とその季節を答えなさい。また、切れ字を抜き出しなさい。 完答5点

よく出る (10) この文章を意味上で二つの部分に分けるとすると、どこで分けられますか。後半の初めの五字を抜き出しなさい。 10点

考える (11) 作者は、この風景を見て、どんな感慨を抱いたのですか。「人間」「自然」という言葉を用いて、簡潔に答えなさい。 15点

2 ——線の片仮名を漢字で書きなさい。 各5点

① 服の破れをツクロう。 ② 海辺のベッソウに泊まる。

③ クウキョな議論を続ける。 ④ 厚い雲にオオわれた空。

1									2	
(1)	(3) 前	(3) 後	(4)	(6)	(7)	(9) 季語	(10)	(11)	①	③
(2)			(5)		(8)	(9) 季節 / 切れ字			②	④

ぴたトレ 1
要点チェック

誰かの代わりに

鷲田《わしだ》 清一《きよかず》

解答 p.15

1 新しく習った漢字 読み仮名を書きなさい。

① 危うい（　　　）

2 重要語句 正しい意味を下から選び、記号で答えなさい。

①（　）保障する
②（　）陥る
③（　）見舞われる
④（　）依存する
⑤（　）抱え込む
⑥（　）課する
⑦（　）協同
⑧（　）免除する
⑨（　）格闘

ア 好ましくない目に遭う。
イ 他のものに頼って生きる。
ウ 地位や状態が侵されないようにする。
エ 処理しきれないほど引き受ける。
オ 必死に物事に取り組むこと。
カ よくない状態になる。
キ 仕事などを割り当てる。
ク 心や力を合わせ、物事をすること。
ケ 義務や任務を果たさなくてよいと許可する。

3 段落構成 当てはまる言葉を書きなさい。

① 序論…初め〜166ページ11行
「（　　　）とは何か」を問わずにいられない時代
② 本論…166ページ12行〜169ページ10行
（　　　）の存在になる危険性
③ 結論…169ページ11行〜終わり
「誰かの代わりに」という思いが求められる

4 筆者の考え 当てはまる言葉を選び、記号で答えなさい。（　　）

・「誰かの代わりに」という思いをもち、他の人たちとの関わり合いの中で、自分が（　）を感じながら生きることが大切だ。
ア 存在することの意味
イ 誰からも好かれていること

得点UPポイント

言葉の意味を捉え、筆者の考えを読み取る！

☑「何にでもなれる社会」とは、どんな社会かを理解する。
☑この文章での「自立」「責任」の意味を捉え、筆者の考えを読み取る。

左の文章では、「何にでもなれる社会」について述べているよ。

誰かの代わりに

1 読解問題　文章を読んで、問いに答えなさい。

教科書166ページ12行～167ページ8行

タイムトライアル 8分

解答 p.15

①何にでもなれる社会。これを裏返していえば、その人の存在価値は、その人が人生において何を成し遂げたか、どんな価値を生み出したかで測られるようになる、ということでもあります。「何をしてきたか」「何ができるか」で人の価値を測る社会。そこでは、人は絶えず「あなたには何ができますか。」「あなたにしかできないことは何ですか。」と他から問われ、同時に、「私には、他の人にはないどんな能力や才能があるのだろう。」と自分自身にも問わなければならないことになります。「あなたの代わりはいくらでもいる。」「ここにいるのは、別にあなたでなくていい。」と言われることがないように、自分が代わりのきかない存在であることを、自分で証明しなければならないのです。②こうした状況は、先ほどの「自分とは何か」という問いを、「こんな私でも、ここにいていいのだろうか。」という、なんとも切ない問いへと変えてしまうことがあります。

鷲田 清一「誰かの代わりに」より

(1) ——線①「何にでもなれる社会。」について、答えなさい。

① 「何にでもなれる社会」とは、どんな社会ですか。当てはまる言葉を文章中から抜き出しなさい。

何を［　　　　］、どんな［　　］を生み出したかで、人の［　　　　］を［　　］社会。

ヒント 「裏返して」どのように述べているかな。

② ①のような社会で、人が他から絶えず問われることは何ですか。次から一つ選び、記号で答えなさい。

ア あなたがここに存在する意味、理由は何か。
イ あなたにできること、あなたにしかできないことは何か。
ウ あなたが代わりのきかない存在である理由は何か。

（　　）

ヒント 「人は絶えず……と他から問われ」とあるよ。

(2) ——線②「こうした状況」とは、どんな状況ですか。

（　　　　　　　　）

ヒント 「こうした」の指し示す内容を捉えよう。

ぴたトレ 3 確認テスト

誰かの代わりに

時間20分

／100点 合格75点

解答 p.16

1 思考・判断・表現 文章を読んで、問いに答えなさい。

教科書168ページ14行～170ページ9行

「自立」①は、「依存」を否定する「インディペンデンス」（独立）ではなく、むしろ、「依存」に「相互に」という意味の「インター」を付けた、「インターディペンデンス」（支え合い）として捉える必要があります。いざ病気や事故や災害などによって独力では生きていけなくなったときに、他人との支え合いのネットワークをいつでも使える用意ができているということ。それが、「自立」の本当の意味なのです。困難を一人で抱え込まないでいられること、と言い換えることもできるでしょう。言うまでもありませんが、「支え合い」のネットワークであるからには、自分もまた時と事情に応じて、というか気持ちのうえではいつも、支える側に回る用意がないといけません。つまり、「誰かの代わりに」という意識です。

　これがおそらくは、「責任を負う」ということの本来の意味でしょう。「責任」②は、英語で「リスポンシビリティ」といいます。「応える」という意味の「リスポンド」と、「能力」という意味の「アビリティ」から成る語で、「助けて」という他人の訴えや呼びかけに、きちんと応える用意があるという意味です。日本語で「責任」というと、課せられるもの、押しつけられるものという受け身のイメージがつきまといますが、「責任」というのは、最後まで独りで負わねばならないものではありませんし、何か失敗したときにばかり問われるものでもありません。「責任」とはむしろ、訴えや呼びかけ

よく出る

(1) ――線①「自立」について、答えなさい。

① 筆者は「自立」をどう捉えるべきだと述べていますか。それを示す言葉を文章中から四字で抜き出しなさい。 5点

② 「自立」の本当の意味を筆者はどんなことだと述べていますか。次から二つ選び、記号で答えなさい。 各10点

ア 誰にも依存せず、独力で生きていけること。

イ 独力で生きていけなくなったとき、支え合いのネットワークを使える用意ができていること。

ウ 独力で生きていくことを諦め、他人に全て依存すること。

エ 困難を一人で抱え込まないでいられること。

(2) ――線②「責任」とありますが、筆者はそれを何だと述べていますか。文章中から五字で抜き出しなさい。 10点

よく出る

(3) ――線③「人を受け身で……してしまいます。」とありますが、どういうことによって、そうなってしまうのですか。簡潔に答えなさい。 10点

(4) ――線④「人として生きることの意味」とありますが、それはどうすることで見つけ出せるのですか。 10点

(5) ――線⑤「自分とは何か」という問いの答えは、どうすることで浮かび上がってくるのですか。 10点

考える

(6) 筆者はどのように生きることが大切だと考えていますか。まとめて答えなさい。 15点

に応じ合うという、協同の感覚であるはずのものなのです。「君ができなかったら、誰かが代わりにやってくれるよ。」と言ってもらえるという安心感が底にあるような、社会の基本となるべき感覚です。

　人には、そして人の集まりには、いろいろな苦労や困難があります。それらを避けたい、免除されたいという思いが働くのも無理はありません。けれども、免除されるということは、誰か他の人に、あるいは社会のある仕組みに、それとの格闘をお任せするということであって、そのことが、③人を受け身で無力な存在にしてしまいます。

　これに対して、私は「人生には超えてはならない、克服してはならない苦労がある。」と書いた一人の神学者の言葉を思い出します。苦労を苦労と思わなくなる、のではありません。苦労を苦労としてそのまま引き受けることの中にこそ、④人として生きることの意味が埋もれていると考えるのです。苦労はしばしば、独りで背負い切れるほど小さなものではありません。人と支え合うこと、人と応じ合うことがどうしても必要になります。冒頭に挙げた、⑤「自分とは何か」という自分が存在することの意味への問いについても、自分の中ばかりを見ていてはその答えを探し出すことはできません。その答えは、他の人たちとの関わりの中でこそ、具体的に浮かび上がってくるものだからです。

　他の人たちと関わり合い、弱さを補い合うからこそ、人は倒れずにいられます。そして、自分が存在することの意味を感じながら生きることができます。「誰かの代わりに」という思いが、余力のあるときに、というのではなく、常に求められるものであることの理由は、ここにあります。

鷲田 清一「誰かの代わりに」より

2 ――線の片仮名を漢字で書きなさい。　各5点

① 江戸時代のホウケン制度。
② 研究を成しトげる。
③ うわさをコウテイする。
④ 立場がアヤうくなる。

1							2			
(1)①	(1)②	(2)	(3)	(4)	(5)	(6)	①	②	③	④

ぴたトレ 3 確認テスト

漢字3 漢字のまとめ

時間20分　／100点　合格75点

解答 p.16

1 漢字の組み立てと部首について、答えなさい。

――線の漢字の部首名を答えなさい。　各3点

① 措置　② 坑道　③ 窮乏

2 漢字の音訓について、答えなさい。

――線の漢字をAは訓で、Bは音で読みなさい。　各2点

①
A 黄金色の稲穂。
B 卵白と卵黄を分ける。

②
A 背丈が伸びる。
B 背泳の選手。

3 複数の読み方をする熟語について、答えなさい。

――線の熟語の読み方を、文意に合うように書きなさい。　各2点

①
A 僕は歌が下手だ。
B 舞台の下手から登場する。

②
A 大人気の店へ行く。
B 大人気ない態度を改める。

4 漢字の成り立ちについて、答えなさい。

次の熟語の――線の漢字に共通する音を答えなさい。　各2点

① 偉人・相違・緯度
② 記憶・臆病・巨億
③ 楷書・俳諧・階段
④ 歓迎・観賞・勧誘

5 熟語の構成について、答えなさい。

同じ構成の熟語を後から二つずつ選び、記号で答えなさい。　各2点

① 悦楽　② 善悪　③ 船出
④ 解雇　⑤ 山賊

ア 廃藩	イ 思考	ウ 明暗	エ 腹痛	
オ 中州	カ 慶弔	キ 特許	ク 山岳	
ケ 地震	コ 募金			

6 三字熟語、四字熟語について答えなさい。

三字熟語、四字熟語の、読みを書きなさい。また、その意味を後から選び、記号で答えなさい。　完答各2点

① 紅一点　② 破天荒
③ 温厚篤実　④ 鼓腹撃壌

ア 性格が穏やかで情が厚く、まじめなこと。
イ 多くの男性の中に、ただ一人女性がいること。
ウ 世の中がよく治まり、人々が安らかに暮らすこと。
エ 誰もが思いもよらないような驚くべきことをすること。

7 同じ訓・同じ音をもつ漢字について答えなさい。

――線に合う漢字を〈　〉から選んで書きなさい。　各2点

① 芝居のコウガイを調べる。〈口外・梗概・郊外〉
② 菜種から油をしぼる。〈絞る・搾る〉
③ 幼い頃をかえりみる。〈顧みる・省みる〉
④ 武者シュギョウの旅に出る。〈修業・修行〉

8 送り仮名について、答えなさい。 各3点

——線の言葉を〈 〉の漢字を使って書きなさい。

① 気落ちした友人をなぐさめる。〈慰〉

② 惰眠をむさぼる。〈貪〉

③ 夕食の準備を一人でまかなう。〈賄〉

9 熟語の読みについて、答えなさい。 各2点

——線の熟語を、訓は平仮名、音は片仮名で書きなさい。また、A重箱読みとB湯桶《ゆとう》読みを一つずつ選び、番号で答えなさい。

① 犯人を詮索する。

② 喪服を着る。

③ 象牙の置き物。

④ 木で橋桁を組む。

⑤ 帳尻を合わせる。

10 漢字の造語力について、答えなさい。 各2点

四字の熟語になるように、( )に当てはまる語句を後から選び、記号で答えなさい。

① 一朝( ) ② 弾劾( )

③ 傍若( ) ④ 金融( )

ア 裁判	イ 無人	ウ 市場	エ 一夕

1	2	3	4	5	6	7	8	9	10
①	① A	① A	①	①	①	①	①	①	①
②	① B	① B	②	②	②	②	②	②	②
③	② A	② A	③	③	③	③	③	③	③
	② B	② B	④	④	④	④		④	④
				⑤				⑤	
								A	
								B	

ぴたトレ 1

要点チェック

文法への扉2 「ない」の違いがわからない？

（漢字に親しもう5）

解答 p.17

1 新しく習った漢字 読み仮名を書きなさい。

①暫定（　　）　②征服（　　）　③鍛錬（　　）　④座禅（　　）
⑤蚊柱（　　）　⑥朱色（　　）　⑦渋柿（　　）　⑧瓦版（　　）
⑨石碑（　　）　⑩建坪（　　）　⑪邦楽（　　）　⑫塑像（　　）
⑬失墜（　　）　⑭堕落（　　）　⑮垣根（　　）　⑯忘恩（　　）
⑰貸与（　　）　⑱花園（　　）　⑲今昔（　　）　⑳深浅（　　）

2 重要語句 正しい意味を下から選び、記号で答えなさい。

①（　　）暫定　**ア** 権威や信用を失うこと。
②（　　）漸次　**イ** だんだんに。
③（　　）失墜　**ウ** はっきり決まるまで、仮に定めておくこと。

スタートアップ

一・二年生で習った文法を思い出そう。

言葉の単位

☑文節…発音や意味のうえで不自然にならないように文を短く区切ったまとまり。
☑単語…言葉としては最小の単位。

文の組み立て

☑文節どうしの関係には、「主・述の関係」「修飾・被修飾の関係」「並立の関係」「補助の関係」がある。

単語の分類

☑自立語か付属語か、活用するかしないかで分類できる。

自立語

☑活用する自立語…動詞・形容詞・形容動詞
☑活用しない自立語…名詞・副詞・連体詞・接続詞・感動詞

用言の活用

☑動詞の活用…五段・上一段・下一段・カ行変格・サ行変格。
☑形容詞の活用…かろ／かっ・く／い／い／けれ／○
☑形容動詞の活用…だろ／だっ・で・に／だ／な／なら／○
　でしょ／でし／です／(です)／○／○

付属語

☑活用する助動詞と、活用しない助詞の二種類がある。

ぴたトレ 2 練習

文法への扉2 「ない」の違いがわからない？

タイムトライアル 10分

解答 p.17

1 次の文を文節ごとに｜で区切り、単語ごとに――線を引きなさい。

・役 員 の 名 簿 を 出 し て お く。

2 ――線の文節の関係を後から選び、記号で答えなさい。

① 部屋に明かりがついている。
② 静かな公園で休もう。
③ 曇っていて、月も星も見えない。
④ 明るい日差しが窓から差し込む。

ア 主・述の関係	**イ** 修飾・被修飾の関係
ウ 並立の関係	**エ** 補助の関係

3 ――線の単語から、①自立語、②活用する単語を選び、記号で答えなさい。（答えは重複することもある。）

・アああ、イ美しいウ夕日エだオと、カきっとキ母クはケ思うコだろサう。

4 3のア～サの中から、①活用する自立語、②活用しない自立語をそれぞれ選び、記号で答えなさい。

5 ――線の動詞の活用の種類を答えなさい。

① あらゆる資料を集めた。
② 予定通り飛行機が離陸した。
③ 毛織りのセーターを着る。
④ 学校帰りに図書館に寄った。

6 次の文の、助詞には――を、助動詞には～～を引きなさい。

① 雨が降りそうだから、家に帰ろう。
② 二度とうそはつくまいと思った。
③ 道を聞かれたが、誰も知らなかった。

問	解答欄
1	役 員 の 名 簿 を 出 し て お く。
2	① ② ③ ④
3	① ②
4	① ②
5	① ② ③ ④
6	① 雨が降りそうだから、家に帰ろう。 ② 二度とうそはつくまいと思った。 ③ 道を聞かれたが、誰も知らなかった。

ぴたトレ 3 確認テスト①

文法への扉2 「ない」の違いがわからない？

時間20分

／100点

合格75点

解答 p.18

1 次の文を例にならって文節ごとに｜で区切り、単語ごとに――線を引きなさい。 完答各4点

㊞ 空が｜すっかり｜晴れて｜いる。

① 朝の新鮮な空気を吸う。

② 山の景色はとてもきれいだ。

③ 祖父は毎朝公園を散歩する。

④ 今日は釣りに行く予定だ。

2 ――線の文節の関係を後から選び、記号で答えなさい。 各2点

① 教室の明かりがついて いる。

② 弟は元気で 陽気だ。

③ 暖かな 風にほっとする。

④ 部屋に飾った写真が なくなった。

⑤ 妹に絵本を買って あげる。

⑥ 母と 弟は買い物に行ったようだ。

⑦ どうやら姉も道に迷ったらしい。

⑧ 父がおもしろい 話を聞かせてくれた。

⑨ 作った詩を朗読して みた。

⑩ このイチゴは大きくて 甘い。

ア 主・述の関係	イ 修飾・被修飾の関係
ウ 並立の関係	エ 補助の関係

3 ――線の単語について、A～Dに当てはまるものを全て選び、記号で答えなさい。 完答各2点

① アああ、イあれがウうわさエにオ聞いカたキ庭園クだろケうコ。

A 自立語　B 付属語

C 活用する単語　D 活用しない単語

② アあれ、イ前ウにエ並んオでカいるキのクはケ弟コだ。

A 自立語　B 付属語

C 活用する自立語　D 活用する付属語

4 次の①～⑧と同じ品詞の語を後から選び、記号で答えなさい。 各2点

① 青い・楽しい・おかしい・寒々しい

② あら・はい・いいえ・おはよう

③ さっぱり・しばらく・ちょうど・少し

④ 机・建物・冷蔵庫・教科書

⑤ 静かだ・きれいだ・積極的だ

⑥ しかし・だから・なぜなら・あるいは

⑦ 大きな・この・来《きた》る・いわゆる

⑧ 走る・考える・売る・成長する

ア 図書館	イ そして	ウ もしもし
エ 歌う	オ 確かだ	カ 薄い
キ ゆったり	ク おかしな	

5 ——線の品詞名を〈 〉から選び、記号で答えなさい。

各2点

①
A 谷間にある小さな家。
B 丘の上に小さい家を建てる。
〈ア 形容詞 イ 連体詞〉

②
A あれは私の自転車だ。
B あの自転車は相当古い。
〈ア 名詞 イ 連体詞〉

③
A 父は決して約束を破らない。
B この本はちっともおもしろくない。
〈ア 形容詞 イ 助動詞〉

④
A 友人に切実な思いを打ち明けた。
B 友人のことを思い、アドバイスした。
〈ア 名詞 イ 動詞〉

⑤
A 会場から人がばらばらと出てくる。
B みんなの気持ちがばらばらになる。
〈ア 形容動詞 イ 副詞〉

⑥
A 人間健康が第一だ。
B 旅行したくても、第一お金がない。
〈ア 副詞 イ 名詞〉

⑦
A 来年また訪れます。
B 彼は父親であり、また医者でもある。
〈ア 接続詞 イ 副詞〉

⑧
A 君の代わりはどこにもいない。
B 父に代わりご挨拶いたします。
〈ア 動詞 イ 名詞〉

1

①	②	③	④
朝の新鮮な空気を吸う。	山の景色はとてもきれいだ。	祖父は毎朝公園を散歩する。	今日は釣りに行く予定だ。

2

①	②	③	④	⑤	⑥	⑦	⑧	⑨	⑩

3

① A	① B	① C	① D	② A	② B	② C	② D

4

①	②	③	④	⑤	⑥	⑦	⑧

5

① A	① B	② A	② B	③ A	③ B	④ A	④ B	⑤ A	⑤ B	⑥ A	⑥ B	⑦ A	⑦ B	⑧ A	⑧ B

ぴたトレ **3** 確認テスト②

文法への扉2 「ない」の違いがわからない？

時間20分

／100点

合格75点

解答 p.18

1 ――線の動詞の活用の種類を後から選び、記号で答えなさい。 各3点

① 待ち合わせの場所まで急いだ。
② もうそろそろ来る頃です。
③ ベランダの手すりがさびてしまった。
④ 母に教わりながら、裁縫をした。
⑤ アンケート用紙を集める。
⑥ この夏、家族で九州地方を旅行する予定だ。
⑦ 字が小さくて読めない。

ア 五段活用	**イ** 上一段活用	**ウ** 下一段活用
エ カ行変格活用	**オ** サ行変格活用	

2 ――線の動詞の活用形を後から選び、記号で答えなさい。 各3点

① 熟考しても答えは出なかった。
② 努力すれば、必ず結果はついてくる。
③ もっと真剣に人の話を聞け。
④ 今度来るときに、持ってきてほしい。
⑤ 公園に行けば会えるかもしれない。
⑥ 本当に似た者どうしだね。
⑦ 先生の質問に答える。

ア 未然形	**イ** 連用形	**ウ** 終止形
エ 連体形	**オ** 仮定形	**カ** 命令形

3 ――線が、A形容詞ならば○、形容動詞ならば△を書きなさい。また、Bそれぞれの活用形を後から選び、記号で答えなさい。 完答各2点

① 彼女の花嫁姿はさぞ美しかろう。
② 土地に不案内ならご案内しますよ。
③ 新しかった自転車も、もうガタガタだ。
④ 彼に任せておけば安心でしょう。
⑤ 父は、いつも黒いスーツを着ている。
⑥ それはさして重要でないことだ。
⑦ ミスをして、冷ややかな目で見られる。
⑧ このプレゼントは、弟に最適だろう。
⑨ 寂しければ、こっちにおいでよ。
⑩ 今日のテストは、たいして難しくなかった。
⑪ 今日はとても風が冷たい。

ア 未然形	**イ** 連用形	**ウ** 終止形
エ 連体形	**オ** 仮定形	

4 次の文の、助詞には――を、助動詞には〜〜を引きなさい。 完答各4点

① 天気予報では、雨の日が続くらしい。
② 朝早かったので、今日はもう寝よう。
③ 友達は、来週から四国に行くそうだ。

5 ——線の助詞と同じ働き・意味のものを後から選び、記号で答えなさい。　　各3点

① 強敵にいどむ。
　ア 来週アメリカに行く。　　イ 母に相談する。
　ウ 水が氷になる。

② 心ゆくまで味わう。
　ア 弟にまでばかにされた。　イ できるまでやめない。
　ウ 九時から五時まで働く。

③ 勉強したから成績が上がった。
　ア 東京から荷物が届いた。　イ 豆腐は大豆から作る。
　ウ 寝坊したから遅刻した。

④ 寄り道をするな。
　ア 少し味見してみな。　　　イ 勝手に触るな。
　ウ 携帯を忘れて困ったな。

6 ——線の助動詞と同じ働き・意味のものを後から選び、記号で答えなさい。　　各4点

① 先生から褒められる。
　ア このきのこは食べられる。　イ 先生が教室に来られる。
　ウ 後ろから声をかけられる。

② 今夜から風が強く吹くそうだ。
　ア 姉はとても眠そうだ。　　　イ 彼は塾に通うそうだ。
　ウ 熱があるので、休んだほうがよさそうだ。

③ 絵を飾った部屋。
　ア 去年富士山に登った。　　　イ やっと原稿を書き終えた。
　ウ 気持ちよく晴れた空。

解答欄

1		2		3						4	5	6
①	⑦	①	⑦	① A	③ A	⑤ A	⑦ A	⑨ A	⑪ A	① 天気予報では、雨の日が続くらしい。	①	①
②		②		① B	③ B	⑤ B	⑦ B	⑨ B	⑪ B	② 朝早かったので、今日はもう寝よう。	②	②
③		③		② A	④ A	⑥ A	⑧ A	⑩ A		③ 友達は、来週から四国に行くそうだ。	③	③
④		④		② B	④ B	⑥ B	⑧ B	⑩ B			④	

ぴたトレ 1 要点チェック

エルサルバドルの少女 ヘスース

長倉《ながくら》 洋海《ひろみ》

解答 p.19

1 新しく習った漢字 読み仮名を書きなさい。

① 是正（　　） ② 凄惨（　　） ③ 一張羅（　　） ④ 辞める（　　） ⑤ 翻弄（　　）

2 重要語句 正しい意味を下から選び、記号で答えなさい。

①（　）是正
②（　）所在なげ
③（　）劣悪
④（　）肩を落とす
⑤（　）凄惨
⑥（　）一張羅
⑦（　）精を出す
⑧（　）かけがえのない
⑨（　）翻弄する

ア 劣っていてよくない様子。
イ がっかりする。落胆する。
ウ 思うままにもてあそぶ。
エ することがなくて退屈な様子。
オ 一生懸命に物事をする。
カ 悪い点を正しくすること。
キ この上なく大切である。
ク たった一枚しかない晴れ着。
ケ 目を背けたくなるほどむごたらしい様子。

3 取材場所・様子 当てはまる言葉を書きなさい。

① 取材国…中米の（　　）。
② 内戦…一九八〇年に始まり、国内避難民は（　　）万人に達していた。

4 取材対象 当てはまる言葉を書きなさい。

① 一九八二年、避難民キャンプで出会った（　　）。
② 出会ってから（　　）年、彼女の成長を撮り続けた。

5 筆者の思い 当てはまる言葉を後から選んで書きなさい。

・戦乱に人生を（　　）されながらも、（　　）に生き抜いてきたヘスースとフランシスコに、いつまでも（　　）でいてほしいと強く願う。

幸せ　懸命　翻弄

得点UPポイント

ヘスースの生き方と筆者の思いを読み取る！

☑ 筆者がなぜヘスースにひかれたのかを捉える。
☑ ヘスースの生き方や考え方から、筆者が思ったことを読み取ろう。

左の文章では、ヘスースとの出会いが語られているよ。

ぴたトレ 2
練習

エルサルバドルの少女 ヘスース

タイムトライアル 8分

解答 p.19

1 読解問題　文章を読んで、問いに答えなさい。

教科書178ページ下5行～180ページ13行

私は五か月にわたり軍事作戦、戦闘、負傷者、政治テロの現場などを記録しながら、①合間を見つけては、市場や下町に出向いた。厳しい内戦下で「今日」を必死に生き抜く人々の姿を撮りたいと思ったからだ。そんなある日、バスで移動中に偶然見つけたのが、公園の中にあった②避難民キャンプだった。

簡素なバラック小屋が軒を連ね、周りは鉄条網で囲われていた。許可をもらい中に入ると、ポリタンクを手に配水の順番を待つ人々の列が目に入った。すぐその脇では、子どもたちが砂ぼこりの中を走り回っている。奥の方では、女たちがかまどでパンを焼き、木陰では老人たちが所在なげに座り込んでいた。

千人ほどが暮らすキャンプを歩いてみることにした。顔を合わせた人に「ブエノス・ディアス」（こんにちは）と挨拶すると、「元気ですよ。あなたは？」と、どの人も優しく応じてくれた。路地裏を進んでいくと、③泣いている女の子を見つけた。衣装は汚れ、顔にも泥が付いている。後ろで結んでいるリボンが、天使の翼のようでかわいかった。それがヘスースとの最初の出会いだった。

長倉　洋海「エルサルバドルの少女　ヘスース」より

(1) ——線①「合間を見つけては、市場や下町に出向いた。」とありますが、筆者はなぜそんなことをしたのですか。その理由が書かれた部分を探し、初めと終わりの五字を抜き出しなさい。

□□□□□～□□□□□

ヒント　「～から」という、理由を表す言葉に着目しよう。

(2) ——線②「避難民キャンプ」とありますが、そこの様子がわかる部分を探し、初めと終わりの五字を抜き出しなさい。（句読点を含む。）

□□□□□～□□□□□

ヒント　筆者が実際に見た家や人々の様子が書かれているよ。

(3) キャンプの人たちは、挨拶をする筆者にどんな対応をしましたか。簡潔に答えなさい。

（　　　　）

ヒント　「挨拶すると」に続く部分に着目。「簡潔に」答えよう。

(4) ——線③「泣いている女の子」とは、誰でしたか。名前を答えなさい。

（　　　　）

ヒント　この文章の、いわば主役だよ。

ぴたトレ 3 確認テスト

エルサルバドルの少女 ヘスース

時間20分

／100点

合格75点

解答 p.19

1 思考・判断・表現　文章を読んで、問いに答えなさい。

教科書180ページ14行〜182ページ上8行

二年後、エルサルバドルを再訪した私は、①前回撮った写真を手にキャンプを訪れた。しかし、会えなかった人が何人もいた。食料も薬も満足にない劣悪な生活の中で、既になくなっていたのだ。厳しい現実に肩を落としながら歩いていると、壁代わりの段ボール紙の破れ目から、ひまわりのような笑顔《えがお》をのぞかせている五歳のヘスースを見つけた。つらそうな子が多いのに、この子はどうして②こんなに明るい表情なのだろうと不思議に思った。滞在中、③幾度となくキャンプを訪れて彼女を撮るようになった。その笑顔に、戦場の凄惨な現場を撮ってすさんだ私の気持ちが、しだいに和んでいくような気がしたからだ。

三回目に訪れたのは、ヘスースが十歳のとき。ちょうどクリスマスと年始を挟んだ時期で、市内はもちろんキャンプでも、人々は一張羅を着て、ごちそうを楽しんでいた。そんな中でも、ヘスースには特別なお祝い事もなさそうだった。④それでも笑顔を浮かべているので、理由を聞くと、「週一回、夜の学校に行けるようになったの。」とうれしそうに答えた。彼女は家の中から小さな写真を持ってくると、「戦争で死んだお父さん。この写真といっしょに撮って。」と言った。そのとき、彼女の父親が一歳のときに戦争で死んだこと、「イエス」（イエス・キリスト）のスペイン語読みである「ヘスース」という名前も、その父親がつけてくれたものだと知った。

よく出る

(1) ――線①「前回撮った写真を手にキャンプを訪れた。」とありますが、なぜ写真を手に訪れたと考えられますか。次から一つ選び、記号で答えなさい。 10点

ア　前回撮った人が、生きているか確かめるため。

イ　前回撮った人を探し出して、再び会いたいと思ったため。

ウ　前回とキャンプの様子がどう変わったかを見比べるため。

(2) ――線②「こんなに明るい表情」とありますが、ヘスースのその表情をたとえを用いてどう表していますか。文章中から十字で抜き出しなさい。 10点

(3) ――線③「幾度となく……撮るようになった。」とありますが、それはなぜですか。次から一つ選び、記号で答えなさい。 15点

ア　劣悪な生活を強いられているのに、ヘスースがいつも明るい表情をしているのが不思議だったから。

イ　戦場の現場を撮ってすさんだ自分の気持ちが、ヘスースを撮ると和らぐような気がしたから。

ウ　すさんだ表情の自分とヘスースの表情が正反対だったから。

(4) ――線④「それでも笑顔を浮かべている」とありますが、ヘスースはなぜ笑顔を浮かべていたのですか。 15点

よく出る

(5) ――線⑤「四度目の訪問」とありますが、このときヘスースの生活は、前回の訪問のときからどう変わっていましたか。まとめて答えなさい。 15点

考える

(6) ――線⑥「彼女たちにとって、戦争はまだ終わっていないのだと実感した。」とありますが、なぜそう実感したのですか。 15点

⑤四度目の訪問は一九九五年、内戦が終結してから三年がたっていた。「戦争は終わったので、避難民はみんな故郷に帰ってしまっただろう。」と思いながらキャンプに向かったが、家はそのまま残っていて、ヘスースとも会うことができた。ヘスースのおばあさんは、「故郷の家は壊れたままで、農業を再開する資金もない。」と、ここに残った理由をとつとつと語った。新聞やテレビは戦争が終われば、その後を報じなくなるが、⑥彼女たちにとって、戦争はまだ終わっていないのだと実感した。

ヘスースが、あれほど楽しみにしていた学校を辞めてしまったことも聞いた。母親が再婚し、生まれた妹や弟の世話に追われるようになり、制服やノートのお金を工面するのも難しくなったからだった。十五歳のヘスースは、町のトルティーヤ屋で働いて家族の生活を助けていた。

長倉　洋海「エルサルバドルの少女　ヘスース」より

2　――線の片仮名を漢字で書きなさい。　各5点

① 選挙制度をゼセイする。　② 元気にアイサツする。
③ テイネイに説明する。　④ 荒波にホンロウされる。

1						2	
(1)	(2)	(3)	(4)	(5)	(6)	①	③
						②	④

ぴたトレ 1

要点チェック

紛争地の看護師

白川《しらかわ》 優子《ゆうこ》

解答 p.20

1 新しく習った漢字

読み仮名を書きなさい。

① 残酷（　　）

2 重要語句

正しい意味を下から選び、記号で答えなさい。

①（　）占拠する
②（　）奪還
③（　）大仰
④（　）緊迫する
⑤（　）ベース
⑥（　）承諾する
⑦（　）動揺
⑧（　）アクセス
⑨（　）見過ごす

ア　情勢がさしせまっている。
イ　不安で落ち着かないこと。
ウ　ある目的地に至る方法・交通手段。
エ　大げさでわざとらしい様子。
オ　奪い返すこと。
カ　拠点。
キ　相手の頼みごとや要求などを引き受ける。
ク　ある場所を自分のものにし、他を近づけないようにする。
ケ　見ていながらそのままにしておく。

3 筆者の行動と信念

当てはまる言葉を後から選んで書きなさい。

① 二〇一〇年、（　　）に参加し始める。
② 二〇一六年十月十七日、イラクの戦闘地への出発要請を（　　）する。
③ 医療に（　　）はないという思いは変わらない。
④ 同じ人間として、医療を求めている人々の痛みや苦しみを（　　）はできない。

見過ごすこと　国境なき医師団　承諾　国境

得点UPポイント

筆者の信念を読み取る！

☑ 危険な場所でも、要請があれば出発する看護師のドキュメントである。
☑ 戦地で活動する国境なき医師団の現状を捉える。
☑ 国境なき医師団で活動を続ける筆者の信念を読み取る。

左の文章では、戦地の現状と筆者の信念が述べられているよ。

紛争地の看護師

タイムトライアル 8分

解答 p.20

1 読解問題 文章を読んで、問いに答えなさい。

教科書189ページ下15行～190ページ上13行

①戦地では、病院が破壊されていたり、被害者と医療をつなぐアクセスが断たれてしまったりしていることが多い。危険が大きい場所ほど、たった一人の医師、一人の看護師、一つの病院の存在価値が高い。

戦地で親を殺されて泣いている子供たち。足を失って絶望に打ちひしがれている青年たち。そして家族を養うすべを失った一家の大黒柱である、大の男たちが怒りを秘め、泣いている。

②行けば自分も危険にさらされるかもしれない。活動中の生活環境は厳しく、戦時下での医療がスムーズに行えるとも限らない。

苦しんでいる人たちがたくさんいるのに医療すら自由に施せない戦争とは本当に残酷なものである。

「なにもあなたが行くことはない。」

「日本でだって救える命はある。」

では、誰が彼らの命を救うのだろう。

彼らの悲しみと怒りに、誰が注目するのだろう。

医療に国境はない。私は本当にそう思っている。七歳の頃に「国境なき医師団」を初めて知ったときも、実際に活動を始めて八年が経過した今もその思いは変わらない。

白川 優子「紛争地の看護師」より

(1) ——線①「戦地では、……していることが多い。」とありますが、そのことは必然的にどんな状況を生みますか。□に当てはまる言葉を文章中から抜き出しなさい。

一人の□□・□□□□、一つの□□の存在価値が高まる。

ヒント 医療を受けるために必要な人や場所が重要になるよね。

(2) ——線②「行けば自分も危険にさらされるかもしれない。」とありますが、なぜそんな場所に筆者は行くのですか。次から一つ選び、記号で答えなさい。

ア 国境なき医師団の一員として、要請に応えるため。
イ 戦地で苦しんでいる人の命を救うため。
ウ 戦争の残酷さを知らない人々に、それを伝えるため。

（　）

ヒント 「日本でだって……」という言葉に、筆者は反論しているよ。

(3) 筆者が長年思い続けているのは、どういう信念ですか。文章中から八字で抜き出しなさい。(句読点は含まない。)

□□□□□□□□

ヒント 設問の、「長年」「思い続けている」という言葉から考えよう。

ぴたトレ 1
要点チェック

温かいスープ

今道《いまみち》 友信《とものぶ》

解答 p.20

1 重要語句 正しい意味を下から選び、記号で答えなさい。

① (　　) 酷評
② (　　) 独善的
③ (　　) 謙虚
④ (　　) 貧相
⑤ (　　) 生っ粋
⑥ (　　) 気取られる
⑦ (　　) 典型
⑧ (　　) 口ごもる
⑨ (　　) 無償

ア 貧弱でみすぼらしく見える様子。
イ 偉ぶらず、控えめでつつましい様子。
ウ 純一で、全く混じり気がないこと。
エ 気配や様子などから気づかれる。
オ 手厳しく批評すること。
カ ためらってはっきり言わない。
キ 行ったことに対して報償を求めないこと。
ク 同類の中で、特色を最もよく表していること。
ケ 客観性がなく、自分一人が正しいと思っている様子。

2 筆者の体験と思い 当てはまる言葉を後から選んで書きなさい。

① 小さなレストラン…月末の（　　）だけの注文に、二人分の（　　）やスープのサービスを受けた。

② レストランの親子のさりげない親切…（　　）を嫌いになることはないし、（　　）に絶望することはない。

フランス　パン　人類　オムレツ

3 筆者の考え 当てはまる言葉を選び、記号で答えなさい。

・無償の愛と（　）が、国際性の基調であり、それは一人一人の平凡な日常の中で試されている。

ア 隣人愛としての人類愛
イ 誰からも愛される性格

(　　)

得点UPポイント

筆者の考える「国際性」を読み取る！

☑ 第二次世界大戦後に、世界が日本に対してどういう見方をしていたのかを捉える。
☑ 小さなレストランで受けた親切を捉える。
☑ 小さなレストランでの体験をもとに述べた、筆者の考える「国際性」を読み取ろう。

左の文章では、「私」の受けた一つ目の親切が述べられているよ。

ぴたトレ **2** 練習

温かいスープ

タイムトライアル 8分

解答 p.20

1 読解問題　文章を読んで、問いに答えなさい。

教科書197ページ13行～198ページ6行

　若い非常勤講師の月給は安いから、月末になると外国人の私は金詰まりの状態になる。そこで月末の土曜の夜は、スープもサラダも肉類も取らず、①「今日は食欲がない。」などとよけいなことを言ったうえで、いちばん値の張らないオムレツだけを注文して済ませた。それにはパンが一人分付いてくるのが習慣である。そういう注文が何回かあって②気づいたのであろう、この若い外国生まれの学者は月末になると苦労しているのではなかろうか、と。

　ある晩、また「オムレツだけ。」と言ったとき、娘さんのほうが黙ってパンを二人分添えてくれた。パンは安いから二人分食べ、勘定のときパンも一人分しか要求されないので、「パンは二人分です。」と申し出たら、人さし指をそっと唇に当て、目で笑いながら首を振り、他の客にわからないようにして一人分しか受け取らなかった。私は何か心の温まる思いで、「ありがとう。」と、③かすれた声で言ってその店を出た。月末のオムレツの夜は、それ以後、いつも半額の二人前のパンがあった。

今道　友信「温かいスープ」より

(1) ――線①「今日は食欲がない。」とありますが、筆者はなぜそんなことを言ったのですか。次から一つ選び、記号で答えなさい。

ア オムレツに付くパンが目当てだと思われたくなかったから。
イ 金詰まりの状態であることを知られたくなかったから。
ウ オムレツが好物だと知られたくなかったから。

（　　）

ヒント 「月末の土曜の夜」の筆者の状態を読み取ろう。

(2) ――線②「気づいたのであろう」とありますが、筆者はどんなことに気づかれたと思いましたか。文章中の言葉を用いて答えなさい。

（　　　　）

ヒント お店の人の立場で書かれている部分に着目しよう。

(3) ――線③「かすれた声」とありますが、なぜそんな声になったのですか。次から一つ選び、記号で答えなさい。

ア 娘さんと二人だけの内緒ごとができてうれしかったから。
イ 娘さんの気遣いがうれしくて涙が出そうだったから。
ウ オムレツだけを注文した理由を娘さんに知られて、恥ずかしかったから。

（　　）

ヒント 筆者が気遣いを受けて、感動している様子を読み取ろう。

ぴたトレ 3
確認テスト

温かいスープ

時間20分
／100点
合格75点
解答p.20

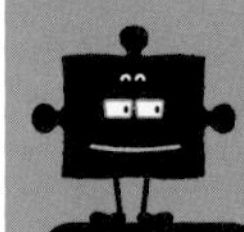

1 思考・判断・表現　文章を読んで、問いに答えなさい。

教科書198ページ1行〜199ページ12行

　ある晩、また「オムレツだけ。」と言ったとき、娘さんのほうが黙ってパンを二人分添えてくれた。パンは安いから二人分食べ、勘定のときパンも一人分しか要求されないので、「パンは二人分です。」と申し出たら、人さし指をそっと唇に当て、目で笑いながら首を振り、他の客にわからないようにして一人分しか受け取らなかった。私は何か心の温まる思いで、「ありがとう。」と、①かすれた声で言ってその店を出た。月末のオムレツの夜は、それ以後、いつも半額の二人前のパンがあった。

　その後、何か月かたった二月の寒い季節、②また貧しい夜がやって来た。花のパリというけれど、北緯五十度に位置するから、わりに寒い都で、九月半ばから暖房の入る所である。冬は底冷えがする。その夜は雹《ひょう》が降った。私は例によって無理に明るい顔をしてオムレツだけを注文して、待つ間、本を読み始めた。店には二組の客があったが、それぞれ大きな温かそうな肉料理を食べていた。そのときである。背のやや曲がったお母さんのほうが、湯気の立つスープを持って私のテーブルに近寄り、震える手でそれを差し出しながら、小声で、③「お客様の注文を取り違えて、余ってしまいました。よろしかったら召しあがってくださいませんか。」と言い、優しい瞳でこちらを見ている。小さな店だから、今、お客の注文を間違えたのではないことぐらい、④私にはよくわかる。

よく出る
(1) ――線①「かすれた声で言って」とありますが、ここからわかる筆者の心情を次から一つ選び、記号で答えなさい。　10点

ア 感謝　**イ** 反発　**ウ** 失望

(2) ――線②「また貧しい夜がやって来た。」とありますが、筆者が「貧しい」ことは、どんなことからわかりますか。□に当てはまる言葉を抜き出しなさい。　完答10点

□□のする夜なのに、□□□な肉料理を注文できずに、安い□□を注文していること。

(3) ――線③「お客様の……召しあがってくださいませんか。」とありますが、スープを目の前にしたとき、筆者はどんな気持ちになりましたか。文章中から七字で抜き出しなさい。　10点

(4) ――線④「私にはよくわかる。」とありますが、筆者がよくわかるのはなぜですか。次から一つ選び、記号で答えなさい。　10点

ア お店のオニオングラタンのスープは売り切れていたから。

イ お店の客で、オニオングラタンのスープを頼んだ人はいなかったから。

ウ お店の客でオニオングラタンのスープを頼んだのは一組だけだったから。

よく出る
(5) ――線⑤「相手の立場を……という自覚」とありますが、その典型となるものは何ですか。文章中から四字と十九字で抜き出しなさい。　各10点

考える
(6) ――線⑥「それは試されているのだ。」とありますが、筆者はどこでどんなことが試されていると述べているのですか。　20点

こうして、目の前に、どっしりしたオニオングラタンのスープが置かれた。寒くてひもじかった私に、それはどんなにありがたかったことか。涙がスープの中に落ちるのを気取られぬよう、一さじ一さじかむようにして味わった。フランスでもつらいめに遭ったことはあるが、この人たちのさりげない親切のゆえに、私がフランスを嫌いになることはないだろう。いや、それはかりではない、人類に絶望することはないと思う。

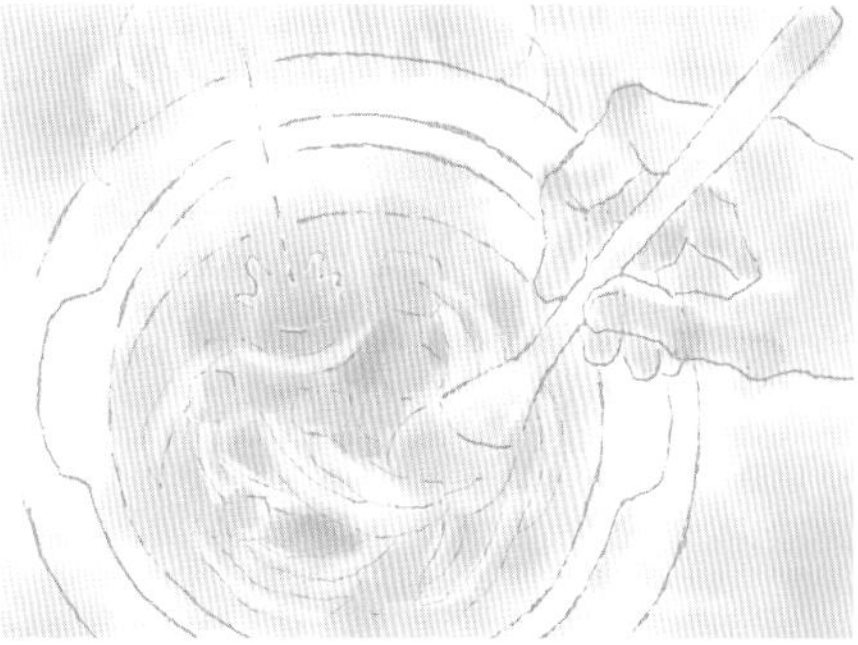

国際性、国際性とやかましく言われているが、その基本は、流れるような外国語の能力やきらびやかな学芸の才気や事業のスケールの大きさなのではない。それは、⑤相手の立場を思いやる優しさ、お互いが人類の仲間であるという自覚なのである。その典型になるのが、名もない行きずりの外国人の私に、口ごもり恥じらいながら示してくれたあの人たちの無償の愛である。求めるところのない隣人愛としての人類愛、これこそが国際性の基調である。そうであるとすれば、一人一人の平凡な日常の中で、⑥それは試されているのだ。

今道　友信「温かいスープ」より

2 ——線の片仮名を漢字で書きなさい。　各5点

① 作品をコクヒョウされる。
② 陰口はキラいだ。
③ ケンキョな態度の人。
④ 自由なフンイキを楽しむ。

1						2			
(1)	(2)	(3)	(4)	(5)	(6)	①	②	③	④

ぴたトレ 1 要点チェック

わたしを束ねないで

新川《しんかわ》 和江《かずえ》

解答 p.21

1 重要語句 正しい意味を下から選び、記号で答えなさい。

①（　　）束ねる
②（　　）こやみなく
③（　　）かいさぐる
④（　　）とほうもない
⑤（　　）しつらえる
⑥（　　）ありか

ア 設け調える。装飾する。
イ 並外れている。
ウ 一つにくくる。まとめて束にする。
エ 物のあるところ。
オ 止まることなく。やめることなく。
カ 調べたり感じ取ったりする。

2 詩の種類 この詩の次の分類による種類をそれぞれ答えなさい。

① 用語・形式上の分類…（　　　　）
② 内容による分類　…（　　　　）

3 詩の主題 当てはまる言葉を後から選んで書きなさい。

・何からも（　　　　）されることなく、力強く（　　　　）に、（　　　　）生きたいという思い。

自分らしく　束縛　のびやか

詩を読んで、作者の思いを読み取ろう。

スタートアップ

詩の種類

☑ 用語・形式上の分類…口語自由詩
（現代の言葉で書かれ、行数や音数に決まりがない詩。）

☑ 内容による分類…叙情詩（作者の心情を描いた詩。）

表現技法

☑ 比喩…直喩（「…ように」などを使ったたとえ）
例 あらせいとうの花のように
白い葱《ねぎ》のように　など
…隠喩（「…ように」などを使わないたとえ）
例 わたしは稲穂／わたしは羽撃《はばた》き　など

☑ 擬人法（人間でないものを人間にたとえる）
例 大地が胸を焦がす
泉のありかを知っている風　など

☑ 体言止め（体言で結ぶ）
例 ……わたしは稲穂／……わたしは海　など

連の内容構成

☑ 連の前半…拒否する生き方
☑ 連の後半…希望する生き方
｝各連とも同じ構成になっている。

わたしを束ねないで

1 読解問題 教科書の詩を読んで、問いに答えなさい。

教科書200ページ〜202ページ

- 教科書200ページ「わたしを束ねないで……」
- 教科書202ページ……「一行の詩」

(1) 第一連の「わたしは稲穂」に用いられている表現技法は何ですか。二つ答えなさい。

（　　　）（　　　）

ヒント 「ように」を使っていないね。また、名詞で結んでいるよ。

(2) 第二連の「わたしを止めないで」とはどんなことを言っているのですか。次から一つ選び、記号で答えなさい。

ア 「わたし」を自由に動き回らせてほしいということ。
イ 「わたし」を大切に見守ってほしいということ。
ウ 「わたし」に少しは注目してほしいということ。

（　　）

ヒント 「こやみなく空のひろさをかいさぐ」りたいんだよ。

(3) 第三連に「日常性に薄められた牛乳」とありますが、これと似た意味の言葉を、四字で抜き出しなさい。

□□□□

ヒント 「日常性に……牛乳」は、こくや味わいのないものの比喩だよ。

(4) 第五連で、「わたし」は自分がどうされることを拒んでいますか。次から一つ選び、記号で答えなさい。

ア 可能性を閉ざされること。
イ 存在を無視されること。
ウ 面倒な仕事を与えられること。

（　　）

ヒント 「区切」ったり、「けりをつけ」られることを拒んでいるよ。

(5) 詩のそれぞれの連の前半と後半には、共通したある生き方が述べられていますが、それはどんな生き方ですか。次から一つ選び、記号で答えなさい。

ア 前半は過去の生き方で、後半は現在の生き方。
イ 前半は拒否する生き方で、後半は希望する生き方。
ウ 前半は希望する生き方で、後半は拒否する生き方。

（　　）

ヒント それぞれの連の前半は「〜ないで」と言っているよ。

(6) この詩で「わたし」はどんな思いを歌っていますか。次から一つ選び、記号で答えなさい。

ア 自分のためではなく、人のために生きたい。
イ 束縛されず、力強くのびやかに自分らしく生きたい。
ウ さまざまな人間関係から解放されて、一人で生きたい。

（　　）

ヒント 詩全体から「わたし」の思いを読み取ろう。

タイムトライアル 12分

解答 p.21

ぴたトレ 3 確認テスト

文法 一、二年生の復習

1 例にならって文節ごとに区切りなさい。 完答各2点

㊎ 私は／妹と／公園へ／行く。
① 父は明日から海外出張だ。
② 弟が迷子になってしまった。

2 例にならって単語ごとに区切りなさい。 完答各3点

㊎ 桜／の／花／が／満開／に／な／っ／た。
① 僕の趣味は音楽鑑賞だ。
② 庭に大きな池がある家。
③ 一度は海外に行きたい。

3 ――線の語の文の成分を下から選び、記号で答えなさい。 各2点

① 暖かい風が吹く。
② 昨日、話題の映画を見た。
③ もしもし、山田さんですか。
④ 会場の皆さん、席にお着きください。
⑤ 風邪をひいたので、学校を休んだ。
⑥ 弟は公園に遊びに行った。
⑦ 母が得意な料理を振る舞った。
⑧ 寒かった。だから、暖房をつけた。
⑨ 彼女は有名な染色家だ。
⑩ 美しい花が一面に咲いている。

ア 主語
イ 述語
ウ 修飾語
エ 接続語
オ 独立語
カ 主部
キ 述部
ク 修飾部
ケ 接続部
コ 独立部

4 ――線の文節の関係を後から選び、記号で答えなさい。 各2点

① ああ、なんと美しい景色だろう。
② 僕は努力したので、代表選手になれた。
③ 聞こえる、遠くの方から海鳴りの音が。
④ 穏やかな風が、そよそよと吹いている。

ア 主・述の関係　イ 修飾・被修飾の関係
ウ 接続の関係　エ 独立の関係

5 ――線の文節が修飾する文節をそれぞれ一文節で抜き出しなさい。 各3点

① これはかなり前に友人から聞いた話です。
② 今日とは違って、おそらく明日は雨だろう。
③ 町の人たちは、ひどい騒音に悩まされた。
④ 歩いていたら、ふとおもしろい考えが浮かんだ。
⑤ 冷たい雨が、僕の頬を打つ。

6 次の文について、答えなさい。 完答各3点

今日は疲れたので、早くベッドに入りたい。

① 自立語を全て抜き出しなさい。
② 活用する自立語を全て抜き出しなさい。
③ 付属語を全て抜き出しなさい
④ 活用する付属語を全て抜き出しなさい。

時間20分
／100点
合格75点

解答 p.22

7 ――線の語の品詞を後から選び、記号で答えなさい。 各2点

① それはある日の出来事だった。
② 寝てばかりいないで、少しは運動しなさい。
③ コーヒーにしますか、それともお茶にしますか。
④ 妹に母の仕事を手伝わせる。
⑤ 彼のバイオリンの美しい音色にうっとりした。
⑥ 子供たちの純粋さに心打たれた。
⑦ 雨がザーッと降ってきた。
⑧ おや、忘れものかな。
⑨ もし波が静かならば沖まで船を出そう。
⑩ とどろく雷鳴に、一瞬教室が静まった。

ア 名詞	**イ** 副詞	**ウ** 連体詞	**エ** 接続詞
オ 感動詞	**カ** 動詞	**キ** 形容詞	**ク** 形容動詞
ケ 助詞	**コ** 助動詞		

8 ア・イの――線の語のうち、〈　〉に示した品詞の語はどちらですか。記号で答えなさい。 各3点

① 〈副詞〉
ア 君とはまた会えるだろう。
イ 彼は数学者であり、また文筆家でもある。

② 〈連体詞〉
ア 港に小さな小屋がある。
イ 紙に小さい字を書く。

③ 〈名詞〉
ア 全速力で走り、先頭に立った。
イ 彼は、代表選手顔負けの走りを見せた。

④ 〈感動詞〉
ア これは私の日記です。
イ これ、少し黙りなさい。

1		**2**			**3**	**4**	**5**	**6**	**7**	**8**
① 父は明日から海外出張だ。	② 弟が迷子になってしまった。	① 僕の趣味は音楽鑑賞だ。	② 庭に大きな池がある家。	③ 一度は海外に行きたい。	①②③④⑤⑥⑦⑧⑨⑩	①②③④	①②③④⑤	①②③④	①②③④⑤⑥⑦⑧⑨⑩	①②③④

ぴたトレ 3
確認テスト①

高瀬舟《たかせぶね》

森《もり》 鷗外《おうがい》

時間20分
／100点
合格75点
解答 p.22

1 思考・判断・表現 文章を読んで、問いに答えなさい。

教科書247ページ上13行～249ページ上11行

護送を命ぜられて、いっしょに舟に乗り込んだ同心羽田庄兵衛《はねだしょうべえ》は、ただ喜助《きすけ》が弟殺しの罪人だということだけを聞いていた。さて牢屋敷《ろうやしき》から桟橋《さんばし》まで連れてくる間、この痩せ肉《じし》の、色の青白い喜助の様子を見るに、いかにも神妙《しんびょう》に、いかにもおとなしく、自分をば公儀の役人として敬って、何事につけても逆らわぬようにしている。しかもそれが、罪人の間に往々見受けるような、温順をよそおって権勢にこびる態度ではない。

①庄兵衛は不思議に思った。そして舟に乗ってからも、単に役目の表で見張っているばかりでなく、絶えず喜助の挙動に細かい注意をしていた。

その日は暮れ方から風がやんで、空一面を覆った薄い雲が月の輪郭をかすませ、ようよう近寄ってくる夏の暖かさが、両岸の土からも、川床の土からも、もやになって立ち上るかと思われる夜《よ》であった。下京《しもきょう》の町を離れて、加茂《かも》川を横切った頃からは、②辺りがひっそりとして、ただ、へさきに割かれる水のささやきを聞くのみである。

夜舟《よふね》で寝ることは罪人にも許されているのに、喜助は横になろうともせず、雲の濃淡にしたがって、光の増したり減じたりする月を仰いで黙っている。その額は晴れやかで、目にはかすかな輝きがある。

よく出る
(1) ——線①「庄兵衛は不思議に思った。」とありますが、なぜ不思議に思ったのですか。次から一つ選び、記号で答えなさい。 10点

ア 喜助の態度が罪人に見受けられるような、温順をよそおって権勢にこびるものだったから。

イ 喜助の態度がいかにも神妙で、自分の罪を心の底から反省しているように見えたから。

ウ 喜助の態度が神妙でおとなしく、自分を役人として敬い、しかも権勢にこびる態度ではなかったから。

(2) ——線②「辺りがひっそりとして」とありますが、辺りが静かな様子は、どんなことからもわかりますか。文章中から十九字で抜き出しなさい。 10点

(3) ——線③「不思議だ、……心の内で繰り返している。」とありますが、庄兵衛はなぜ「不思議だ」と思ったのですか。「喜助の顔」という言葉を用いて、二十字以内で答えなさい。 15点

(4) ——線④「高瀬舟」に乗った喜助の顔を、どのような顔と表現していますか。文章中から抜き出しなさい。 10点

よく出る
(5) ——線⑤「その人の情というものが……悪人であろうか。」とありますが、庄兵衛がそう考えたのはなぜですか。 15点

考える
(6) ——線⑥「この男はどうしたのだろう。」とありますが、このときの庄兵衛はどんな気持ちだったと考えられますか。まとめて答えなさい。 20点

庄兵衛はまともには見ていぬが、始終、喜助の顔から目を離さずにいる。そして、③不思議だ、不思議だと、心の内で繰り返している。それは喜助の顔が、縦から見ても、横から見ても、いかにも楽しそうで、もし役人に対する気兼ねがなかったなら、口笛を吹き始めるとか、鼻歌を歌いだすとかしそうに思われたからである。

庄兵衛は心の内に思った。これまで、この④高瀬舟の宰領《さいりょう》をしたことは幾度だかしれない。しかし乗せてゆく罪人は、いつもほとんど同じように、目も当てられぬ気の毒な様子をしていた。それに、この男はどうしたのだろう。遊山船《ゆさんぶね》にでも乗ったような顔をしている。罪は弟を殺したのだそうだが、よしや、その弟が悪いやつで、それをどんな行きがかりになって殺したにせよ、人の情としていい心持ちはせぬはずである。この色の青い痩せ男が、⑤その人の情というものが全く欠けているほどの、世にもまれな悪人であろうか。どうも、そうは思われない。ひょっと気でも狂っているのではあるまいか。いやいや。それにしては、何一つつじつまの合わぬ言葉や挙動がない。⑥この男はどうしたのだろう。庄兵衛がためには、喜助の態度が考えれば考えるほどわからなくなるのである。

森 鷗外「高瀬舟」〈「鷗外全集 第十六巻」〉より

2 ――線の片仮名を漢字で書きなさい。 各5点

① ヒサンな体験を語る。
② 恵まれたキョウグウに育つ。
③ レイタンな態度をとる。
④ 母の体をキヅカう。

1						2	
(1)	(2)	(3)	(4)	(5)	(6)	①	③
						②	④

ぴたトレ 3

確認テスト②

高《たか》瀬《せ》舟《ぶね》

森《もり》鷗外《おうがい》

時間20分

／100点

合格75点

解答 p.23

1 思考・判断・表現　文章を読んで、問いに答えなさい。

教科書251ページ上9行〜252ページ16行

　庄兵衛《しょうべえ》は今、喜助《きすけ》の話を聞いて、①喜助の身の上を我が身の上に引き比べてみた。喜助は仕事をして給料を取っても、右から左へ人手に渡してなくしてしまうと言った。いかにも哀れな、気の毒な境界《きょうがい》である。しかし一転して我が身の上を顧みれば、彼と我との間に、果たしてどれほどの差があるか。自分も上からもらう扶持米《ふちまい》を、右から左へ人手に渡して暮らしているにすぎぬではないか。彼と我との相違は、いわばそろばんの桁《けた》が違っているだけで、喜助のありがたがる二百文に相当する貯蓄だに、こっちはないのである。

　さて桁を違えて考えてみれば、鳥目《ちょうもく》二百文をでも、喜助がそれを貯蓄とみて喜んでいるのに無理はない。その心持ちは、こっちから察してやることができる。しかし、いかに桁を違えて考えてみても、不思議なのは②喜助の欲のないこと、足ることを知っていることである。

　喜助は世間で仕事を見つけるのに苦しんだ。それを見つけさえすれば、骨を惜しまずに働いて、ようよう口を糊《のり》することのできるだけで満足した。そこで牢《ろう》に入ってからは、今まで得がたかった食が、ほとんど天から授けられるように、働かずに得られるのに驚いて、生まれてから知らぬ満足を覚えたのである。

　庄兵衛はいかに桁を違えて考えてみても、ここに彼と我との間に、③大いなる懸隔のあることを知った。自分の扶持米で立ててゆく暮ら

(1) ――線①「喜助の身の上を……引き比べてみた。」とありますが、引き比べた結果、庄兵衛はどんなことに気づきましたか。□□に当てはまる言葉を抜き出しなさい。　完答15点

喜助は□を、庄兵衛は□□を、□□□に□□に渡してしまう、あまり□のない□□をしていること。

(2) ――線②「喜助の欲のないこと、……知っていることである。」とありますが、庄兵衛は喜助のどんなことからこのように思ったのですか。文章中の言葉を用いて答えなさい。　15点

よく出る

(3) ――線③「大いなる懸隔……知った。」について、答えなさい。

① 庄兵衛は、喜助との間にどんな「懸隔」があるのを知ったのですか。次から一つ選び、記号で答えなさい。　10点

ア 喜助には貯蓄があるが、自分には貯蓄がないこと。

イ 喜助はやっとの生活に満足したが、自分は満足していないこと。

ウ 喜助は仕事探しに苦しんだが、自分は苦しんでいないこと。

② 庄兵衛は、なぜ「大いなる懸隔」が生じると考えましたか。「足ること」という言葉を用いて答えなさい。　10点

(4) ――線④「人は身に病があると、……多かったらと思う。」とありますが、これはどんなことを言っていますか。「欲望」という言葉を用いて答えなさい。　15点

考える

(5) ――線⑤「この喜助だと、……気がついた。」とありますが、このとき庄兵衛は喜助に対してどんな気持ちをもったと思われますか。簡潔に答えなさい。　15点

しは、おりおり足らぬことがあるにしても、たいてい出納が合っている。手いっぱいの生活である。しかるに、そこに満足を覚えたことはほとんどない。常は幸いとも不幸とも感ぜずに過ごしている。しかし心の奥には、こうして暮らしていて、ふいとお役が御免になったらどうしよう、大病にでもなったらどうしようという疑懼《ぎく》が潜んでいて、おりおり妻が里方から金を取り出してきて穴埋めをしたことなどがわかると、この疑懼が意識の閾《しきい》の上に頭をもたげてくるのである。

　いったいこの懸隔はどうして生じてくるだろう。ただうわべだけを見て、それは喜助には身に係累がないのに、こっちにはあるからだといってしまえばそれまでである。しかしそれはうそである。よしや自分が独り者であったとしても、どうも喜助のような心持ちにはなられそうにない。この根底はもっと深いところにあるようだと、庄兵衛は思った。

　庄兵衛はただ漠然と、人の一生というようなことを思ってみた。④人は身に病があると、この病がなかったらと思う。その日その日の食がないと、食ってゆかれたらと思う。万一のときに備える蓄えがないと、少しでも蓄えがあったらと思う。蓄えがあっても、また、その蓄えがもっと多かったらと思う。かくのごとくに先から先へと考えてみれば、人はどこまで行って踏み止まることができるものやらわからない。それを今、目の前で踏み止まって見せてくれるのが⑤この喜助だと、庄兵衛は気がついた。

　庄兵衛は、今さらのように驚異の目をみはって喜助を見た。このとき庄兵衛は、空を仰いでいる喜助の頭から毫光《ごうこう》が差すように思った。

森 鷗外「高瀬舟」〈「鷗外全集 第十六巻」〉より

2 ——線の片仮名を漢字で書きなさい。　各5点

① 病気で体がヤせ細る。
② 父はジヒ深い人間だ。
③ 質素ケンヤクを心掛ける。
④ 気を引きシめる。

1 (1)	1 (2)	1 (3) ①	1 (3) ②	1 (4)	1 (5)	2 ①	2 ②	2 ③	2 ④

ぴたトレ 3
確認テスト①

二つの悲しみ

杉山《すぎやま》 龍丸《たつまる》

時間20分
／100点
合格75点
解答 p.24

1 思考・判断・表現 文章を読んで、問いに答えなさい。

教科書259ページ上6行〜260ページ上14行

第二次大戦が終わり、多くの日本の兵士が帰国してくる復員の事務に就いていた、ある暑い日の出来事であった。

私たちは、毎日毎日訪ねてくる留守家族の人々に、あなたの息子《むすこ》さんは、ご主人は、なくなった、死んだ、死んだ、死んだと伝える①苦しい仕事をしていた。

②留守家族の多くの人は、ほとんど痩せ衰え、ぼろに等しい服装が多かった。

あるとき、ずんぐり太った、立派な服装をした紳士が隣の友人のところへ来た。

隣はニューギニア派遣の係であった。

その人は、

「ニューギニアに行った、私の息子は。」

と、名前を言って尋ねた。

友人は、帳簿をめくって、

「あなたの息子さんは、ニューギニアのホーランジヤで戦死されておられます。」

と答えた。

その人は、その瞬間、目をかっと開き、口をぴくっと震わして、黙って立っていたが、くるっと向きを変えて帰っていかれた。

③人が死んだと言うことは、いくら経験しても、また繰り返しても、

(1) この文章に書かれているのは、いつの出来事ですか。まとめて答えなさい。 10点

(2) ——線①「苦しい仕事」とありますが、筆者はどんなことを苦しく感じていたのですか。まとめて答えなさい。 15点

(3) ——線②「留守家族の多くの人は、……服装が多かった。」とありますが、それはなぜですか。「敗戦後」という言葉を用いて答えなさい。 15点

(4) よく出る ——線③「人が死んだ……慣れるということはない。」とありますが、それはなぜですか。文章中の言葉を用いて答えなさい。 15点

(5) よく出る ——線④「パタンと帳簿を閉じ、頭を抱えた。」とありますが、このとき友人はどんな気持ちだったと考えられますか。次から一つ選び、記号で答えなさい。 10点

ア 毎日同じ言葉を繰り返すだけの仕事に、いら立ちと不満を感じる気持ち。

イ 家族の戦死をわざわざ確認しに来る人に、あきれ返る気持ち。

ウ 紳士に息子さんの戦死を伝えたことに対する、苦しくやりきれない気持ち。

(6) 考える ——線⑤「その水滴は、……したたり落ちていた。」とありますが、これは紳士のどんな様子を表現していますか。「息子」という言葉を用いて答えなさい。 15点

慣れるということはない。

　言うことも、またそばで聞くことも、自分自身の内部に恐怖が走るものである。

　それは、意識以外の生理現象である。

　友人は言った後、しばらくして、④パタンと帳簿を閉じ、頭を抱えた。

　私は黙って便所に立った。

　階段のところに来たとき、さっきの人が、階段の曲がり角の踊り場の隅の暗がりに、白いパナマの帽子を顔に当てて壁板にもたれるように立っていた。

　瞬間、私は気分が悪いのかと思い、声をかけようとして足を一段階段に下ろした。そのとき、その人の肩が、ぶるぶる震え、足元に、したたり落ちた水滴のたまりがあるのに気づいた。
　⑤その水滴は、パナマ帽からあふれ、したたり落ちていた。

杉山　龍丸「二つの悲しみ」〈「生きるかなしみ」所収の「ふたつの悲しみ」〉より

2

――線の片仮名を漢字で書きなさい。　各5点

① クチビルをかみしめる。
② ナミダがあふれる。
③ フウトウに手紙を入れる。
④ 人の手柄をウバう。

1						2	
(1)	(2)	(3)	(4)	(5)	(6)	①	③
						②	④

ぴたトレ 3 確認テスト②

二つの悲しみ

杉山《すぎやま》 龍丸《たつまる》

時間20分　／100点　合格75点

解答 p.25

1 思考・判断・表現　文章を読んで、問いに答えなさい。

教科書261ページ上7行〜262ページ下6行

「あなたのお父さんは、戦死しておられるのです。」

と言って、声が続かなくなった。

瞬間、①少女は、いっぱいに開いた目をさらにぱっと開き、そして、ワッと、べそをかきそうになった。

涙が目いっぱいにあふれそうになるのを必死にこらえていた。

それを見ているうちに、私の目に涙があふれて、ほほを伝わり始めた。

私のほうが声を上げて泣きたくなった。しかし、少女は、

「あたし、おじいちゃまから言われて来たの。お父ちゃまが、戦死していたら、係のおじちゃまに、お父ちゃまの戦死した所と、戦死した、②じょうきょう、じょうきょうですね、それを、書いてもらっておいで、と言われたの。」

私は黙ってうなずいて、紙を出して書こうとして、うつむいた瞬間、紙の上にぽた、ぽた、涙が落ちて、書けなくなった。

少女が、不思議そうに、私の顔を見つめていたのに困った。

やっと書き終わって、封筒に入れ、少女に渡すと、小さい手でポケットに大切にしまい込んで、腕で押さえて、うなだれた。

③涙一滴、落とさず、ひと声も声を上げなかった。

肩に手をやって、何か言おうと思い、顔をのぞき込むと、下唇を血が出るようにかみしめて、かっと目を開いて肩で息をしていた。

(1) ――線①「少女」とありますが、少女は筆者の仕事場に、何をするために来たのですか。　15点

よく出る

(2) ――線②「じょうきょう、じょうきょうですね」とありますが、ここが「状況」ではなく「じょうきょう」と書かれているのはなぜですか。　15点

(3) ――線③「涙一滴、……声を上げなかった。」とありますが、こことは異なり、少女がお父さんの戦死という衝撃に必死に耐えている様子が読み取れる部分を文章中から三十三字で探し、初めと終わりの五字を抜き出しなさい。（句読点を含む。）　10点

(4) ――線④「お一人で、帰れるの。」とありますが、この筆者の問いかけに対する少女の受け答えから、少女のどんな姿が読み取れますか。次から一つ選び、記号で答えなさい。　10点

ア 祖父母の言いつけを守り、役割を果たそうとするけなげな姿。

イ 祖父母の言いつけを守れそうにないという不安そうな姿。

ウ 祖父母の言いつけどおりにできると、自信たっぷりな姿。

よく出る

(5) ――線⑤「その言葉だけが……ぐるぐる回っていた。」とありますが、ここから筆者のどんな様子がわかりますか。次から一つ選び、記号で答えなさい。　10点

ア 少女を家まで送って行こうと決心している様子。

イ 少女にお父さんの戦死を伝えたことを後悔している様子。

ウ 少女の置かれた状況に衝撃を受け、胸に迫っている様子。

考える

(6) ――線⑥「声なき声は、そこにあると思う。」とありますが、「声なき声」とは何ですか。考えて答えなさい。　20点

私は、声をのんで、しばらくして、

「④お一人で、帰れるの。」

ときいた。

少女は、私の顔を見つめて、

「あたし、おじいちゃまに、言われたの、泣いては、いけないって。おじいちゃまから、おばあちゃまから電車賃をもらって、電車を教えてもらったの。だから、行けるね、と何度も、何度も、言われたの。」

と、改めて、自分に言い聞かせるように、こっくりと、私にうなずいてみせた。

私は、体中が熱くなってしまった。

帰る途中で、私に話した。

「あたし、妹が二人いるのよ。お母さんも、死んだの。だから、あたしが、しっかりしなくては、ならないんだって。あたしは、泣いてはいけないんだって。」

小さい手を引く私の頭の中を、⑤その言葉だけが何度も何度もぐるぐる回っていた。

どうなるのであろうか、私はいったいなんなのか、何ができるのか。

戦争は、大きな、大きな、何かを奪った。

悲しみ以上の何か、かけがえのないものを奪った。

私たちは、この二つのことから、この悲しみから、何を考えるべきであろうか。

私たちは何をすべきであろうか。
⑥声なき声は、そこにあると思う。

杉山 龍丸「二つの悲しみ」〈「生きるかなしみ」所収の「ふたつの悲しみ」〉より

2 ——線の片仮名を漢字で書きなさい。 各5点

① ムスコの成長を見守る。
② シンシ服売り場に行く。
③ 使節をハケンする。
④ チョウボをつける。

1						2	
(1)	(2)	(3)	(4)	(5)	(6)	①	③
		〜					
						②	④

ぴたトレ 3

確認テスト①

アラスカとの出会い

星野《ほしの》 道夫《みちお》

時間20分

／100点 合格75点

解答 p.26

1 思考・判断・表現　文章を読んで、問いに答えなさい。

教科書263ページ下4行～265ページ6行

①十代の頃、北海道の自然に強くひかれていた。その当時読んだ、さまざまな本の影響があったのだろう。あの頃、北海道は僕にとって遠い土地だった。北方への憧れは、いつしかさらに遠いアラスカへと移っていった。だが、現実には②何の手がかりもなく、気持ちが募るだけであった。二十年以上も前、アラスカに関する本など日本では皆無だったのだ。

ある日、東京、神田《かんだ》の古本屋街の洋書専門店で、一冊のアラスカの写真集を見つけた。たくさんの洋書が並ぶ棚で、どうしてその本に目が留められたのだろう。③まるで僕がやって来るのを待っていたかのように、目の前にあったのである。それからは、学校へ行くときも、どこへ出かけるときも、かばんの中にその写真集が入っていた。手あかにまみれるほど本を読むとは、ああいうことをいうのだろう。もっとも僕の場合は、ひたすら写真を見ていただけなのだが。

その中に、どうしても気になる④一枚の写真があった。本を手にするたび、どうしてもそのページを開かないと気が済まないのだ。それは、北極圏のあるイヌイットの村を空から撮った写真だった。

灰色のベーリング海、どんよりと沈む空、雲間からすだれのように差し込む太陽、その中でぽつんと点のようにたたずむイヌイットの集落……。初めは、その写真のもつ光の不思議さにひきつけられたのかもしれない。そのうちに、⑤僕はだんだんその村が気にかかり

(1) ――線①「十代の頃、……強くひかれていた。」とありますが、その後筆者の憧れはどこに移りましたか。文章中から九字で抜き出しなさい。 5点

(2) ――線②「何の手がかりもなく」とありますが、どんなことの手がかりがなかったのですか。 10点

よく出る

(3) ――線③「まるで僕が……目の前にあったのである。」とありますが、筆者はどんなことを言おうとしているのですか。次から一つ選び、記号で答えなさい。 10点

ア 一冊の洋書との出会いは偶然にすぎなかったということ。

イ 一冊の洋書との出会いが必然だったということ。

ウ 神田の古本屋街には、以前からよく行っていたということ。

(4) ――線④「一枚の写真」について、答えなさい。

① 「一枚の写真」とは、何の写真でしたか。文章中から二十二字で探し、初めと終わりの四字を抜き出しなさい。 10点

② 「一枚の写真」に写っていたのは、どんな風景でしたか。それが具体的に書かれた一文の、初めの五字を抜き出しなさい。 10点

(5) ――線⑤「僕はだんだんその村が気にかかり始めていった。」とありますが、どんなことが「気にかかり始めていった」のですか。文章中の言葉を用いて、二つ答えなさい。 各10点

考える

(6) ――線⑥「それに似ていた。」とありますが、何に「似ていた」のですか。まとめて答えなさい。 15点

始めていった。

なぜ、こんな地の果てのような場所に人が暮らさなければならないのか。それは、実に荒涼とした風景だった。人影はないが、一つ一つの家の形がはっきりと見える。いったいどんな人々が、何を考えて生きているのだろう。

昔、電車から夕暮れの町をぼんやり眺めているとき、開け放たれた家の窓から、夕食の時間なのか、ふっと家族の団欒《だんらん》が目に入ることがあった。そんなとき、窓の明かりが過ぎ去ってゆくまで見つめたものだった。そして、胸が締めつけられるような思いが込み上げてくるのである。あれはいったい何だったのだろう。見知らぬ人々が、僕の知らない人生を送っている不思議さだったのかもしれない。同じ時代を生きながら、その人々と決して出会えない悲しさだったのかもしれない。

その集落の写真を見たときの気持ちは、⑥それに似ていた。が、僕はどうしても、その人々と出会いたいと思ったのである。

星野 道夫「アラスカとの出会い」〈「旅をする木」〉より

2 ――線の片仮名を漢字で書きなさい。　各5点

① 彼はその道のケンイだ。
② 砂浜をカけ回る。
③ 教会のカネの音が響く。
④ キョウレツな印象を与える。

1 (1)	1 (2)	1 (3)	1 (4) ①	1 (4) ②	1 (5)	1 (6)	2 ①	2 ②	2 ③	2 ④
			〜							

ぴたトレ 3
確認テスト②

アラスカとの出会い

星野《ほしの》 道夫《みちお》

時間20分 ／100点 合格75点

解答 p.26

1 思考・判断・表現 文章を読んで、問いに答えなさい。

教科書265ページ20行〜267ページ18行

僕は、手紙を出したことも忘れていった。ところが、半年もたったある日、学校から帰ると、一通の外国郵便が届いていた。シシュマレフ村のある家族からの手紙だった。

「……。手紙を受け取りました。あなたが家に来ること、妻と相談しました……。夏はトナカイ狩りの季節です。人手も必要です。……いつでも来なさい……。」

約半年の準備を経て、僕はアラスカに向かった。幾つもの小さな飛行機を乗り換え、ベーリング海に浮かぶ集落が見えてくると、本で見続けた写真と現実がオーバーラップし、僕はどうしていいかわからない思いで、①窓ガラスに顔を押しつけていた。

②この村で過ごした三か月は、強烈な体験として心の中に沈澱《ちんでん》していった。初めてのクマ、アザラシ猟、トナカイ狩り、太陽が沈まぬ白夜《びゃくや》、さまざまな村人との出会い……。そして、空撮の写真から見下ろしていた村に、今、自分が立っていること。この旅を通し、僕は、人の暮らしの多様性にひかれていった。十九歳の夏だった。

その後、写真という仕事を選び、さまざまな夢を抱いて、七年ぶりにアラスカに戻ってきた。今度は短い旅ではない。三年、いや、五年ぐらいの旅になるだろうと思った。③時間は矢のように過ぎていった。

(1) ——線①「窓ガラスに顔を押しつけていた。」とありますが、それはなぜですか。次から一つ選び、記号で答えなさい。 10点

ア 本で見続けていた写真とは比べものにならない、現実の美しさに心を打たれたから。

イ 本で見続けていた写真と現実の風景が重なって、感動のあまり気持ちの整理がつかなくなったから。

ウ 本で見続けていた写真のほうが、現実よりも美しかったことに少し失望を感じたから。

(2) ——線②「この村で過ごした三か月」とありますが、その間に筆者はどんなことにひかれていきましたか。文章中から九字で抜き出しなさい。 10点

(3) ——線③「時間は矢のように過ぎていった。」とありますが、その月日を過ごした筆者は、何をしようとしていますか。 10点

(4) ——線④「いや、そんなことはない。」とありますが、筆者はどんなことを言おうとしているのですか。 15点

よく出る

(5) ——線⑤「合わせ鏡に映った自分の姿を見るように」とありますが、これはどんなことをたとえていますか。次から一つ選び、記号で答えなさい。 15点

ア 今の自分と過去の自分を重ね合わせて見ること。

イ 実体のある自分と別の選択をした自分の姿を見ること。

ウ 過去の自分の姿を見ること。

考える

(6) ——線⑥「その写真」とありますが、それは筆者にとってどんな写真だったのですか。「筆者に」に続けて答えなさい。 20点

アラスカ北極圏を横切るブルックス山脈の、未踏の山や谷を歩いた。グレイシャーベイをカヤックで旅しながら、氷河のきしむ音を聞いた。イヌイットの人々とウミアックをこぎ、北極海にセミクジラを追った。カリブーの季節移動にひかれ、その旅を追い続けた。クマの一年の生活を記録した。数え切れないほどのオーロラを見上げた。オオカミに出会った。さまざまな人の暮らしを知った……。いつのまにか十四年が過ぎていた。それどころか、僕は家を建て、この土地に根を下ろそうとしている。

あのとき、神田《かんだ》の古本屋で、あの本を手にしていなかったら、僕はアラスカに来なかっただろうか。④いや、そんなことはない。それに、もし人生を、あのとき、あのとき……とたどっていったなら、⑤合わせ鏡に映った自分の姿を見るように、かぎりなく無数の偶然が続いてゆくだけである。

しかし、確かに僕はあの写真を見て、シシュマレフという村に行った。それからは、まるで新しい地図が描かれるように、自分の人生が動いていったのも事実である。つまり、⑥その写真を撮ったのが、ジョージ・モーブリイだった。

星野 道夫「アラスカとの出会い」〈「旅をする木」〉より

2 ——線の片仮名を漢字で書きなさい。　各5点

① 地球温暖化のエイキョウ。
② タナに本を置く。
③ コウリョウとした景色。
④ ツタナい英語を話す。

1 (1)	1 (2)	1 (3)	1 (4)	1 (5)	1 (6)	2 ①	2 ②	2 ③	2 ④
					筆者に				

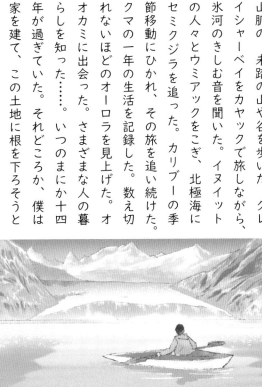

ぴたトレ 3 確認テスト

読書記録をつける

時間20分

／50点

合格30点

解答 p.27

1 思考・判断・表現　文章を読んで、問いに答えなさい。

教科書269ページ上16行～下12行

カードをつける習慣は子供の頃できた。生まれ育った四国《しこく》の村に図書館はなく、公民館に村の人が寄付した本が集められていた。一年間、ほぼ毎日通いそこの本は全部読んだ。家に帰り①「お母さん、僕は公民館の本を全部読んだ。」と言ったところ公民館に連れて行かれた。

適当に取り出した一冊の最初のページを母が読み、②後を続けるよう促された。「最初の一冊はたまたま覚えていたが、その次、わからない。はい次、わからない。すると、あなたは何のために本を読むのか、忘れるために読むのかと言われた。」

これはいけないと思って、③カードをつけるようになった。一冊読むと、自分がどう思ったかを記し、大切な行を抜き書きする。④十三歳から今も続く習慣だ。

大江　健三郎「読書記録をつける」より

(1) ――線①「お母さん、僕は公民館の本を全部読んだ。」とありますが、こう言ったときの筆者の気持ちを次から一つ選び、記号で答えなさい。　10点

ア 自慢　**イ** 失望　**ウ** 反発

よく出る

(2) ――線②「後を続けるよう促された。」とありますが、「母」がこうしたのはなぜだと考えられますか。次から一つ選び、記号で答えなさい。　15点

ア「全部読んだ」という筆者の言葉が信じられず、うそを暴いてやろうと思ったため。

イ 本はただ読めばよいのではなく、内容を自分のものにすることが大事だということを諭すため。

ウ 本を読んだら必ずカードをつけるということを教えるため。

(3) ――線③「カードをつけるようになった。」とありますが、カードには何を書きましたか。　10点

(4) ――線④「十三歳から今も続く習慣だ。」とありますが、なぜ今も続けているのですか。簡潔に答えなさい。　15点

1			
(1)	(2)	(3)	(4)

今取り組めば
テストに役立つ!

\\ 定期テスト //

予想問題

チェック!

- テスト本番を意識して，時間を計ってチャレンジしよう!
- 間違えたところは「ぴたトレ1~3」を確認しよう!

定期テスト
予想問題
1

握手

文章を読んで、問いに答えなさい。

時間15分
／100点
合格75点
解答 p.27

ルロイ修道士は壁の時計を見上げて、

「汽車が待っています。」

と言い、右の人さし指に中指をからめて掲げた。これは「幸運を祈る」「しっかりおやり」という意味の、ルロイ修道士の指言葉だった。

上野《うえの》駅の中央改札口の前で、①思い切ってきいた。

「ルロイ先生、死ぬのは怖くありませんか。わたしは怖くてしかたがありませんが。」

かつて、わたしたちがいたずらを見つかったときにしたように、ルロイ修道士は少し赤くなって頭をかいた。

「天国へ行くのですから、そう怖くはありませんよ。」

「天国か。本当に天国がありますか。」

「あると信じるほうが楽しいでしょうが。死ねば、何もないただむやみに寂しいところへ行くと思うよりも、にぎやかな天国へ行くと思うほうがよほど楽しい。そのために、この何十年間、神様を信じてきたのです。」

わかりましたと答える代わりに、わたしは右の親指を立て、それからルロイ修道士の手をとって、しっかりと握った。②それでも足りずに、腕を上下に激しく振った。

「痛いですよ。」

ルロイ修道士は顔をしかめてみせた。

上野公園の葉桜が終わる頃、ルロイ修道士は仙台《せんだい》の修道院でなくなった。まもなく一周忌である。わたしたちに会って回っていた頃のルロイ修道士は、身体《からだ》中が悪い腫瘍の巣になっていたそうだ。葬式でそのことを聞いたとき、わたしは知らぬ間に、③両手の人さし指を交差させ、せわしく打ちつけていた。

井上 ひさし「握手」〈「ナイン」〉より

(1) ――線①「思い切ってきいた。」とありますが、それは「わたし」の質問がどんなことを聞くものになるからですか。「死期」という言葉を用いて答えなさい。 25点

(2) ――線②「それでも足りずに、……激しく振った。」という動作には、「わたし」のどんな思いが表れていますか。「別れ」という言葉を用いて答えなさい。 25点

(3) ――線③「両手の人さし指を……打ちつけていた。」は、「お前は悪い子だ」という意味の指言葉ですが、これは「わたし」の何に対する怒りの表現ですか。二つ答えなさい。 各25点

(1)	(2)	(3)	

定期テスト
予想問題
2

学びて時に之《これ》を習ふ――「論語」から

文章を読んで、問いに答えなさい。

時間15分

／100点

合格75点

解答 p.27

子曰《い》はく、「①故《ふる》きを温めて新しきを知れば、以《もつ》て師為《た》るべし。」と。

子曰《ハク》、「温《メテ》レ故《キヲ》而知《レバ》レ新《シキヲ》、②可《ベシト》以《テ》為《ル》師矣。」（為《ゐ》政《せい》）

子曰はく、「③学びて思はざれば則《すなは》ち罔《くら》し。思ひて学ばざれば則ち殆《あやふ》し。」と。

子曰《ハク》、「学《ビテ》而不《ざレバ》レ思《ハ》則《チ》罔《シ》。思《ヒテ》而不レ学《バ》則《チ》殆《シト》。」（為政）

子曰はく、「④之を知る者は、之を好む者に如《し》かず。之を好む者は、之を楽しむ者に如かず。」と。

子曰《ハク》、「知《ル》レ之《ヲ》者《ハ》、不レ如《カ》二好《ム》レ之《ヲ》者《ニ》一。好《ム》レ之《ヲ》者《ハ》、不レ如《トカ》二楽《シム》レ之《ヲ》者《ニ》一。」（雍《よう》也《や》）

「学びて時に之を習ふ――『論語』から」より

(1) ――線①「故きを温めて」とは、どうすることですか。次から一つ選び、記号で答えなさい。 25点

ア 過去の事柄や学説などを重ねて研究すること。

イ 過去の事柄や学説の誤りを明らかにすること。

ウ 過去の学説に並ぶように努力すること。

(2) ――線②「可《ベシト》以《テ》為《ル》師矣。」を書き下し文のように読むために、適切な返り点を付けなさい。 25点

(3) ――線③「学びて思はざれば……則ち殆し。」とは、どんなことを言っているのですか。次から一つ選び、記号で答えなさい。 25点

ア 「学ぶこと」が重要であり、「思うこと」は重要ではないこと。

イ 「学ぶこと」をしてから、「思うこと」をするべきであること。

ウ 「学ぶこと」と「思うこと」の両方が重要であるということ。

(4) ――線④「之を知る者は……楽しむ者に如かず。」とありますが、この三者の中で最も秀《ひい》でている者は誰ですか。 25点

(4)	(3)	(2)	(1)
		可《ベシト》以《テ》為《ル》師矣。	

定期テスト予想問題 3

作られた「物語」を超えて

文章を読んで、問いに答えなさい。

時間15分

／100点

合格75点

解答 p.28

アフリカの森で暮らすゴリラの調査を通じて、私は人間の、自然や動物、そして人間自身を見る目がいかに誤解に満ちているかを知ることができた。その①誤解を解くためには、相手の立場に立って、一つ一つの行動にどんな意味があるかを考えることが必要である。人から伝え聞いた「物語」と実際に自分が向かい合っている現象とを照らし合わせ、これまでの常識を疑ってみる態度も必要となる。「物語」によって作られた常識の陰に、しいたげられている生き物や人間がいないか、意味を取り違えて排除していることがないか、思いを巡らすことが大切だと思う。

ドラミングが戦いの宣言だという「物語」の誤解を超えた先には、「ゴリラが人間とは別の表現を用いて平和を保っている」という私にとって新しい価値をもつ豊かな世界が広がっていた。体の仕組みや能力の違う動物の視点に立つためには、その動物が暮らしている自然をよく知ることが必要になる。同じように、この地球に生きるさまざまな人々に起きている②「物語」の真実を知るためには、その人々が暮らしている文化や社会をよく理解することが必要であろう。

話を作り、伝える能力は、言葉をもった人間に多くの仲間と交流できる世界をもたらした。そのおかげで、人間は見知らぬ人々と出会ってもすぐに受け入れることができるし、遠く離れた場所で起こった出来事をいっしょに喜び、悲しむこともできる。現代はさまざまな文化や社会で暮らす人々が国境を越えて行き交う時代である。

だからこそ、自分勝手な独りよがりな解釈を避け、常識を疑うこと、何より自分を相手の立場に置き換えて考えてみる視点が重要である。作られた「物語」を超えて、その向こうにある真実を知ろうとすることが、新しい世界と出会うための鍵なのだ。

山極 寿一「作られた『物語』を超えて」より

(1) ――線①「誤解を解くため」には、どんなことが必要ですか。文章中から二つ探し、それぞれ初めと終わりの四字を抜き出しなさい。 完答各25点

(2) ――線②「『物語』の真実を知るため」には、どんなことが必要ですか。文章中から探し、初めと終わりの四字を抜き出しなさい。 20点

(3) 筆者は、作られた「物語」を超えるためには、何が重要だと主張していますか。「常識」「立場」という言葉を用いて答えなさい。 30点

(1)		(2)	(3)
〜	〜	〜	

定期テスト
予想問題
4

俳句の可能性

文章を読んで、問いに答えなさい。

時間15分　／100点　合格75点

解答 p.28

①どの子にも涼しく風の吹く日かな　飯田龍太《いいだりゅうた》

この句には、「どの子」とは誰なのか、風の吹いている場所はどこなのか、現在のことなのか、過去のことなのか、時間は午前なのか午後なのか、そのような説明が何も書かれていない。わかっているのは、②季節が夏であること、子供が複数いること、その子たちに涼しい風が分け隔てなく吹いているということだけである。

俳句が散文や報道記事などと違うのは、省略されている部分を、③読む人の自由な解釈で補って鑑賞できるというところである。この句を読んで、「どの子にも」とは自分のことだ、と思う人もあるだろうし、校庭の木陰でクラスメイトとくつろいでいるときのことだと思う人もあるだろう。幼児の頃、海辺で遊んだ体験を思い出す人もあるだろう。

そんな想像をかきたてる個々別々の言葉を一つにつないでいるのが、五・七・五という「定型」と、「涼し」という夏を表す言葉、すなわち「季語」である。詳しい説明を省略する俳句には、一句の柱となる言葉に「季語」を用い、それを五・七・五という「定型」で表現するという基本的な約束がある。この約束を④「有季定型」といい、俳句という韻文を支える大きな力となっている。「涼し」が夏の季語であることを知るには「歳時記」を繰ればよい。

宇多　喜代子「俳句の可能性」より

(1) ——線①「どの子にも涼しく風の吹く日かな」について、答えなさい。

① この俳句を定型にそって区切り、／を書き入れなさい。　完答20点

② この俳句から、切れ字を抜き出しなさい。　15点

(2) ——線②「季節が夏であること」について、答えなさい。

① どの言葉から「夏であること」がわかりますか。　15点

② ①のような、季節を表す言葉を何といいますか。　15点

(3) ——線③「読む人の自由な……鑑賞できる」とありますが、なぜそうすることができるのですか。次の□に当てはまる言葉を、文章中から抜き出しなさい。　15点

俳句は、□□□□□□□□□□から。

(4) ——線④「有季定型」とは、どういう約束ですか。　20点

(1)		(2)		(3)	(4)
①	②	①	②		
どの子にも涼しく風の吹く日かな					

定期テスト
予想問題
5

和語・漢語・外来語

それぞれの問いに答えなさい。

時間15分
／100点
合格75点

解答 p.29

1 和語・漢語・外来語について、答えなさい。

(1) 次の語は、**ア**和語、**イ**漢語、**ウ**外来語のどれですか。記号で答えなさい。　各3点

① たばこ　② 砂浜　③ 平和
④ パソコン　⑤ 驚き

(2) 次の――線の語は、**ア**和語、**イ**漢語、**ウ**外来語のどれですか。上から順に記号で答えなさい。　完答各5点

① 今日は家族で山登りを楽しんだ。
② 母にスーパーまでお使いを頼まれた。
③ 水泳教室で背泳ぎのレッスンを受けた。
④ 僕は今朝、コンビニで弁当と飲み物を買った。
⑤ 海辺の風景は、さながら一幅の絵画のようだった。
⑥ 長旅に出る船のデッキから、見送りの人々に手を振った。

(3) ――線の語を（　）の語に言い換えなさい。　各5点

① 父がキッチンで料理をしている。（和語）
② 美しい旋律が耳に残る。（外来語）
③ この物語の主題を考える。（外来語）
④ 家族と相談をしてから決める。（和語）
⑤ 江戸時代から続く宿屋に泊まる。（漢語）
⑥ 姉は英語のおさらいを欠かさない。（漢語）

2 混種語について、答えなさい。

次の混種語の成り立ちを、例にならって答えなさい。　各5点

例 筆ペン　（和語＋外来語）

① ガラス食器　② 勉強部屋　③ 買い物メモ
④ 野菜市場　⑤ 苦手意識

1			2				
(1)	(2)	(3)	①	②	③	④	⑤
① ② ③ ④ ⑤	① ② ③ ④ ⑤ ⑥	① ② ③ ④ ⑤ ⑥	＋	＋	＋	＋	＋

定期テスト
予想問題
6

故郷

文章を読んで、問いに答えなさい。

時間15分
／100点
合格75点
解答
p.29

私も横になって、船の底に水のぶつかる音を聞きながら、今、自分は、①自分の道を歩いているとわかった。思えば私とルントウとの距離は全く遠くなったが、若い世代は今でも心が通い合い、現にホンルはシュイションのことを慕っている。せめて彼らだけは、私と違って、②互いに隔絶することのないように……とはいっても、彼らが一つ心でいたいがために、私のように、むだの積み重ねで魂をすり減らす生活を共にすることは願わない。また、ルントウのように、打ちひしがれて心が麻痺《ひ》する生活を共にすることも願わない。また、他の人のように、やけを起こして野放図に走る生活を共にすることも願わない。希望をいえば、彼らは新しい生活をもたなくてはならない。私たちの経験しなかった新しい生活を。

　希望という考えが浮かんだので、私はどきっとした。たしかルントウが香炉と燭台《しょくだい》を所望したとき、私は、相変わらずの偶像崇拝だな、いつになったら忘れるつもりかと、心ひそかに彼のことを笑ったものだが、今私のいう希望も、やはり③手製の偶像にすぎぬのではないか。ただ、彼の望むものはすぐ手に入り、私の望むものは手に入りにくいだけだ。

　まどろみかけた私の目に、海辺の広い緑の砂地が浮かんでくる。その上の紺碧《べき》の空には、金色《こんじき》の丸い月が懸かっている。思うに希望とは、もともとあるものともいえぬし、ないものともいえない。それは地上の道のようなものである。もともと地上には道はない。④歩く人が多くなれば、それが道になるのだ。

魯迅／竹内好訳「故郷」〈「魯迅文集　第一巻」〉より

(1) ――線①「自分の道」とは、どのようなものですか。「生き方」という言葉を用いて答えなさい。　25点

(2) ――線②「互いに隔絶する」とは、誰と誰がどうなったことを表現していますか。文章中の言葉を用いて答えなさい。　25点

(3) ――線③「手製の偶像」とは、ここではどんなもののことを言っているのですか。「自分」という言葉を用いて答えなさい。　25点

(4) ――線④「歩く人が……道になるのだ。」とは、どんなことを言っているのですか。「新しい生活」という言葉を用いて答えなさい。　25点

(1)	(2)	(3)	(4)

定期テスト
予想問題
7

慣用句・ことわざ・故事成語

それぞれの問いに答えなさい。

時間15分
／100点
合格75点

解答 p.29

(1) 次は、体・衣食住・動植物に関係する言葉を使った慣用句です。下の意味を参考にして、（　）に当てはまる言葉を後から選び、記号で答えなさい。　各5点

① 同じ（　）の飯を食う…同じ職場などで苦労を共にする。
② （　）の尾を踏む…極めて危険なことをする様子。
③ （　）の行水…入浴時間がとても短いこと。
④ （　）から火が出る…たいへん恥ずかしい思いをする。
⑤ （　）を借りる…自分より上位の者に相手をしてもらう。
⑥ （　）に上げる…わざと触れないで、そっとしておく。
⑦ （　）を読む…自分の都合のいいように数をごまかす。

ア　顔	イ　烏	ウ　鯖《さば》	エ　棚
オ　胸	カ　釜	キ　虎	

(2) 次の意味のことわざを後から選び、記号で答えなさい。　各6点

① 他人のことばかり気にかけ、自分のことに手が回らない。
② 過失・災難が思いがけずよい結果を生むこと。
③ 多くの人の中から、特に選び出される。
④ 狭い考えにとらわれ、独りよがりになる。
⑤ よく似た物事が次々と現れたり起こったりすること。

ア　紺屋《こうや》の白袴	イ　雨後の筍《たけのこ》	ウ　怪我《けが》の功名
エ　井の中の蛙《かわず》	オ　白羽の矢が立つ	

(3) 次のことわざの使い方が適切なものを後から選び、記号で答えなさい。　5点

・焼け石に水
ア　先生の一言で論争が収まったのは、まさに焼け石に水だ。
イ　暑さの中のアイスクリームは焼け石に水のうまさだ。
ウ　今回の大災害への対応は焼け石に水と言うしかない。

(4) 故事成語の意味を後から選び、記号で答えなさい。　各10点

① 覆水《ふくすい》盆に返らず　② 他山の石　③ 四面楚歌《そか》

ア　周囲がみんな敵であること。
イ　一度犯した失敗は取り返しがつかないこと。
ウ　どんなことでも自分を磨く助けになること。

(1)		(2)	(3)	(4)
①	⑥	①		①
②	⑦	②		②
③		③		③
④		④		
⑤		⑤		

定期テスト予想問題 8

人工知能との未来

文章を読んで、問いに答えなさい。

時間15分

／100点

合格75点

解答 p.30

人工知能が浸透する社会であっても、むしろそのような社会だからこそ、私たちは今後も自分で思考し、判断していく必要があるといえます。人工知能への違和感や不安を拭い去るのは難しいことですが、①このような社会の到来が避けられない以上、人工知能をいわば「仮想敵」のように位置づけてリスクを危惧するより、今後どのように対応するかを考えていくほうが現実的ではないでしょうか。

さらにいえば、人工知能は、②うまく活用すれば人間にとって大きな力となるはずです。将棋ソフトは人間が考えもしない手を指すと述べましたが、それは、自分の視座が変わるような見方を教えてくれるということでもあります。「自分はこう思うが、人工知能はどう判断するのか。」と、あくまでセカンドオピニオンとして人工知能を使っていく道もあるでしょう。また、人工知能が出した結論を基に、それが導き出された過程を分析し、自分の思考の幅を広げていく道もあるはずです。人工知能に全ての判断を委ねるのではなく、人工知能から新たな思考やものの見方をつむいでいこうとする発想のほうが、より建設的だと思います。

羽生 善治「人工知能との未来」より

(1) ――線①「このような社会の到来」について、答えなさい。

① 「このような社会」とは、どんな社会ですか。文章中から十一字で抜き出しなさい。 20点

② 「このような社会」が到来したとき、どうすることが現実的だと述べていますか。 20点

(2) ――線②「うまく活用すれば」とありますが、筆者は活用例として、どんなことを挙げていますか。二つ簡潔に答えなさい。 各20点

(3) 筆者がこの文章で最も述べたいことは何ですか。それが書かれた一文を探し、初めの七字を抜き出しなさい。 20点

(1) ①	(1) ②	(2)	(3)

定期テスト
予想問題
9

人間と人工知能と創造性

文章を読んで、問いに答えなさい。

時間15分
／100点
合格75点
解答 p.30

いっぽうで、コンピュータにとって難しいのは、たくさんの作品の中から優れたものを選ぶことである。①人間の創造性について考えてみよう。多くの場合、新しく思いつくことのほとんどは使いものにならない。新しいつもりでも誰かが既にやっていたことであったり、全く意味のないことであったりする。人間はそれらの中から見込みがありそうなものだけを、おそらくは無意識のうちに選んでいるのである。たくさんの候補の中から見込みのありそうなものだけを選び出す作業のことを「評価」とよぶことにする。人間のすばらしい創造性は、この評価の部分に基づいている。何をよいとするか、おもしろいとはどういうことか。コンピュータにはこの評価が難しいのである。

ここに、人間と人工知能の関係の中で人間が果たすべき役割を考えるヒントがあると思う。人間とコンピュータは得意なことが異なる。したがって、②それぞれが得意なことを分担し、共同して物事に当たるのがよい。例えば、創造的な活動においても、コンピュータがアイデアをたくさん出し、人間がそれらを評価して具体的な完成品にしていくのが、(限られた時間内に一定水準以上のものを作るという意味では)生産性が高くなるはずである。また、人間と人工知能が協力して創作することで、新しい価値を生み出すこともできるかもしれない。

松原 仁「人間と人工知能と創造性」より

(1) ——線①「人間の創造性」とありますが、これは何に基づいているのですか。具体的に答えなさい。 20点

(2) ——線②「それぞれが……当たる」について、答えなさい。

① 「得意なことを分担し」とありますが、筆者は創造的な活動において、Aコンピュータと、B人間は、それぞれどんなことをすればよいと述べていますか。 各20点

② 「それぞれが……当たる」ことによって、どんなことが可能になると筆者は考えていますか。二つ、簡潔に答えなさい。 各20点

(1)	(2) ① A	(2) ① B	(2) ②

定期テスト
予想問題
10

君待つと――万葉・古今・新古今

和歌を読んで、問いに答えなさい。

時間15分

／100点

合格75点

解答
p.30

A　君待つと我《あ》が恋《こ》ひ居《を》れば我《わ》が屋戸《やど》のすだれ動かし秋の風吹く　額田王《ぬかたのおほきみ》

B　父母が頭《かしら》かき撫《な》で幸《さ》くあれて言ひし言葉《けとば》ぜ忘れかねつる　防人歌《さきもりのうた》

C　人はいさ心も知らずふるさとは花ぞ昔の香ににほひける　紀《き》貫之《のつらゆき》

D　秋来《き》ぬと目にはさやかに見えねども風の音にぞおどろかれぬる　藤原《ふじはらの》敏行《としゆき》

E　玉の緒よ絶えなば絶えねながらへば忍ぶることの弱りもぞする　式子《しょくし》内親王

「君待つと――万葉・古今・新古今」より

(1) Aの和歌では、どんな心情が詠《よ》まれていますか。次から一つ選び、記号で答えなさい。　10点

ア　恋しい人を待っているのをあざ笑うかのように、秋の風がすだれを動かすのを心憎く思う心情。

イ　恋しい人を待ちわびていると、秋の風が動かすすだれの音にも心ときめかしてしまう、待つ身の恋の憂いの心情。

ウ　恋しい人をいくら待っても、我が家を訪れるのは秋の風だけだというあきらめの心情。

(2) Bの和歌で、作者はどんな言葉が忘れられないと言っていますか。和歌の中から四字で抜き出しなさい。　20点

(3) Cの和歌では、何と何を対比していますか。それぞれ三字で答えなさい。　各15点

(4) Dの歌で、作者は何によって秋が来たと気づいたのですか。三字で答えなさい。　20点

(5) Eの和歌から、激しい恋心が表現されている部分を抜き出しなさい。　20点

(1)	(2)	(3)	(4)	(5)

定期テスト予想問題 11

夏草――「おくのほそ道」から

文章を読んで、問いに答えなさい。

時間15分

／100点

合格75点

解答 p.31

かねて耳驚かしたる①二堂開帳す。経堂《きやうだう》は三将の像を残し、光堂《ひかりだう》は三代の棺《ひつぎ》を納め、三尊の仏を安置す。七宝《しつぽう》散り失《う》せて、②玉《ぎよく》の扉風に破れ、金《こがね》の柱霜雪《さうせつ》に朽ちて、既に③頽廃《たいはい》空虚の草むらとなるべきを、四面新たに囲みて、甍《いらか》を覆ひて風雨を凌《しの》ぎ、しばらく千歳《せんざい》の記念《かたみ》とはなれり。

④五月雨《さみだれ》の降り残してや光堂

松尾芭蕉「夏草――『おくのほそ道』から」より

(1) ――線①「二堂」とは、何と何のことですか。文章中からそれぞれ抜き出しなさい。 各10点

(2) ――線②「玉の扉風に破れ」と対句になっている表現を抜き出しなさい。 15点

(3) ――線③「頽廃空虚の草むらとなるべきを」について、答えなさい。

① 「頽廃空虚」とさせないために、どうしたのですか。文章中の言葉を用いて現代語で答えなさい。 15点

② ①のようにしたことで、どうなりましたか。文章中から抜き出しなさい。（句読点は含まない。） 15点

(4) ――線④「五月雨の……」の句の、季語とその季節を答えなさい。 各10点

(5) この文章の表現や文体には、どんな特徴がありますか。次から一つ選び、記号で答えなさい。 15点

ア 対句表現を用い、漢語を多用した漢文調の文体である。

イ 対句表現を用い、数字、漢語を多用した漢文調の文体である。

ウ 対句表現を用い、数字、和語を多用した和文調の文体である。

(1)	(2)	(3) ①	(3) ②	(4) 季語	(4) 季節	(5)

定期テスト予想問題 12

誰かの代わりに

文章を読んで、問いに答えなさい。

人には、そして人の集まりには、①いろいろな苦労や困難があります。それらを避けたい、免除されたいという思いが働くのも無理はありません。けれども、免除されるということは、誰か他の人に、あるいは社会のある仕組みに、それとの格闘をお任せするということであって、そのことが、人を受け身で無力な存在にしてしまいます。

これに対して、私は「人生には超えてはならない、克服してはならない苦労がある。」と書いた②一人の神学者の言葉を思い出します。苦労を苦労と思わなくなる、のではありません。苦労を苦労としてそのまま引き受けることの中にこそ、人として生きることの意味が埋もれていると考えるのです。③苦労はしばしば、独りで背負い切れるほど小さなものではありません。人と支え合うこと、人と応じ合うことがどうしても必要になります。冒頭に挙げた、「自分とは何か」という自分が存在することの意味への問いについても、自分の中ばかりを見ていてはその答えを探し出すことはできません。その答えは、④他の人たちとの関わりの中でこそ、具体的に浮かび上がってくるものだからです。

鷲田 清一「誰かの代わりに」より

(1) ——線①「いろいろな苦労や困難があります。」とありますが、それを免除されると、人はどんな存在になってしまうのですか。文章中から抜き出しなさい。 25点

(2) ——線②「一人の神学者の言葉」とありますが、この言葉は苦労の中に何が埋もれていると考えるのですか。文章中から十二字で抜き出しなさい。 25点

(3) ——線③「苦労はしばしば、……小さなものではありません。」とありますが、その場合、どんなことが必要になるのですか。文章中から抜き出しなさい。 25点

(4) ——線④「他の人たちとの……浮かび上がってくる」とありますが、何が浮かび上がってくるのですか。 25点

(1)	(2)	(3)	(4)

時間15分

/100点

合格75点

解答 p.31

定期テスト予想問題 13

エルサルバドルの少女 ヘスース

文章を読んで、問いに答えなさい。

時間15分

／100点 合格75点

解答 p.31

彼女は「友達の中には、スラムのようなキャンプで暮らしていることが恥ずかしいと思って、人に言えない子もいるけれど、①私はここで育ったことに誇りをもっている。キャンプは、子ども時代の思い出がいっぱい詰まった『人生の宝箱』のようなものだから。」と続けた。私はその言葉に胸がいっぱいになった。ヘスースは、自分の人生をたった一つのかけがえのない大切なものとして生きてきた。彼女の笑顔は、②そのあかしでもあったのだ。

③戦争後のエルサルバドルについて尋ねると、フランシスコは「僕たちは貧しい人々の生活が良くなるようにと戦ってきたけれど、まだ汚職があるし、人々の生活はより苦しくなっている。」と怒りをあらわにする。「それなら、また銃を取って戦うつもりなの?」と聞くと、彼は「フッ。」とため息をついて、「ヒロミ、戦いの場に一度でも身を置いたものなら、④二度とそこに戻りたいと思わないはずだよ。」と答えた。

長倉 洋海「エルサルバドルの少女 ヘスース」より

(1) ――線①「私は……誇りをもっている。」とありますが、ヘスースが誇りをもっているのはなぜですか。簡潔に答えなさい。 25点

(2) ――線②「そのあかし」とありますが、ヘスースの笑顔はどんなことのあかしなのですか。文章中の言葉を用いて答えなさい。 25点

(3) ――線③「戦争後のエルサルバドル」とありますが、戦争後のエルサルバドルはどんな状態なのですか。 25点

(4) ――線④「二度とそこに戻りたいと思わないはずだよ。」から、どんなことがわかりますか。次から一つ選び、記号で答えなさい。 25点

ア 戦場に行った者は、生きて帰ることが難しいということ。

イ 戦場が、いかに悲惨で残酷な場所であるかということ。

ウ 戦場で戦っても、何も変わりはしないと理解したということ。

(1)	(2)	(3)	(4)

定期テスト
予想問題
14

温かいスープ

文章を読んで、問いに答えなさい。

時間15分

／100点

合格75点

解答 p.32

　こうして、目の前に、どっしりしたオニオングラタンのスープが置かれた。寒くてひもじかった私に、①それはどんなにありがたかったことか。涙がスープの中に落ちるのを気取られぬよう、一さじ一さじかむようにして味わった。フランスでもつらいめに遭ったことはあるが、この人たちのさりげない親切のゆえに、私がフランスを嫌いになることはないだろう。いや、そればかりではない、人類に絶望することはないと思う。

　②国際性、国際性とやかましく言われているが、その基本は、流れるような外国語の能力やきらびやかな学芸の才気や事業のスケールの大きさなのではない。それは、相手の立場を思いやる優しさ、お互いが人類の仲間であるという自覚なのである。その典型になるのが、名もない行きずりの外国人の私に、口ごもり恥じらいながら示してくれたあの人たちの無償の愛である。求めるところのない隣人愛としての人類愛、これこそが③国際性の基調である。そうであるとすれば、一人一人の平凡な日常の中で、それは④試されているのだ。

今道 友信「温かいスープ」より

(1) ――線①「それはどんなにありがたかったことか。」とありますが、この出来事から、筆者はどんなことを思いましたか。二つ答えなさい。

(2) ――線②「国際性」とありますが、筆者はその基本を何だと述べていますか。それが書かれた部分を探し、初めと終わりの五字を抜き出しなさい。

各15点

20点

(3) ――線③「国際性の基調」とありますが、それは何ですか。まとめて答えなさい。　20点

(4) ――線④「試されている」とありますが、どんなことが試されているのですか。二十字程度で答えなさい。　30点

(1)	(2)	(3)	(4)
	〜		

定期テスト
予想問題
15

文法1・2のまとめ

それぞれの問いに答えなさい。

(1) ――線部を、文節や連文節の対応を整えて書き直しなさい。　各10点

① 私の夢は、看護師になりたい。
② 父は大声で弟に叱った。
③ 寝坊したので、慌てなかった。
④ 母の仕事は、お年寄りの介護をする仕事だ。

(2) 次の文は、二通りの解釈ができます。①・②の意味にするには、どこに読点を打てばよいですか。記号で答えなさい。　各5点

・僕はア本をイ見ながらウ料理しているエ母にオ話しかけた。

① 本を見ているのは「僕」。
② 本を見ているのは「母」。

(3) ――線の呼応の副詞に対応する言葉を下から選び、答えなさい。　各5点

① 僕は決して諦め□。
② たぶん明日は晴れる□。
③ たとえ負け□、悔いはない。
④ まるで夢の□一日だった。

ような
ない
だろう
ても

(4) 次の動詞の活用の種類を答えなさい。　各5点

① 就職する　② 着る　③ 贈る　④ 掛ける

(5) ――線の助動詞と同じ働き・意味のものを後から選び、記号で答えなさい。　各5点

① 母から叱られる。
ア 昔のことが思い出される。　イ 先生が話される。
ウ 返事を急がされる。

② テーブルに置いた写真。
ア 昨日、博物館に行った。　イ 彼にメールを送った。
ウ 道路に積もった雪。

時間15分
／100点
合格75点

解答 p.32

(1)				(2)	(3)				(4)				(5)
①	②	③	④	①	①	②	③	④	①	②	③	④	①
				②									②

教科書ぴったりトレーニング
〈光村図書版・中学国語3年〉

解答集

この解答集は取り外してお使いください。

世界はうつくしいと

p.6 ぴたトレ1

1 ①イ ②オ ③カ ④ウ ⑤キ ⑥エ ⑦ア

2 ①口語自由詩 ②叙情詩

3 うつくしいと

p.7 ぴたトレ2

1 (1)例うつくしいということばを、ためらわずに口にすることを、誰もしなくなったから。
(2)うつくしいもの
(3)ア
(4)わたしたちの歴史
(5)例世界はうつくしいと言おう。(十三字)
(6)イ

考え方

1 (1)「そうしてわたしたちの会話は貧しくなった。」の「そうして」が受けている内容を前の部分から読み取る。「うつくしいということばを、ためらわず／口にすることを、誰もしなくなった」のだ。そうなったから「わたしたちの会話は貧しくなった」のである。
(2)前の行に「うつくしいものをうつくしいと言おう。」とあり、その例として「風の匂いはうつくしいと。」と述べられている。つまり、「風の匂い」は「うつくしいもの」なのだ。
(3)(2)と同じく「うつくしいものをうつくしいと言おう。」に着目すると、8行目の「うつくしいと」の直後に続く言葉は「言おう」だとわかる。
(4)「一体、ニュースとよばれる……わたしたちの歴史と言うようなものだろうか。」に着目する。ここから、作者が日々のニュースを「わたしたちの歴史」と呼ぶことに反発を感じていることがわかる。
(5)続く部分に「のだから、世界はうつくしいと。」とある。この「世界はうつくしいと」の後に省略されている言葉を補って答えればよい。
(6)「うつくしい」という言葉を誰も口にしなくなり、会話が貧しくなった。それはあくせくと日々を送り余裕がないからかもしれないが、うつくしいものは今生きている日々の中にあふれているのだ。しかし、それらは永遠にあるものではない。だから、うつくしいものをうつくしいと感じ、うつくしいと言おう、今生きている世界のうつくしさを享受し、大切に生きようと言っているのである。

握手

p.8 ぴたトレ1

1 ①せんたく ②しろもの ③おだ ④けいしゃ ⑤つめ ⑥かいこん ⑦かんとく ⑧ていこく ⑨どろ ⑩ごうまん ⑪さが ⑫ぶんかつ ⑬じょうだん ⑭ゆいごん ⑮せいめい ⑯いっしゅうき ⑰しゅよう ⑱そうしき

2 ①イ ②エ ③ウ ④ア

3 ①わたし ②ルロイ修道士

4 ①光ヶ丘天使園 ②西洋料理店 ③（仙台の）修道院

p.9

ぴたトレ2

1 (1)①よく聞きなさい ②イ・オ（順不同）

(2)わかった

p.10〜11

ぴたトレ3①

1 (1)元園長は

(2)天使園で育った子供が

(3)例 死ぬこと

(4)ウ

(5)例 天使園で育った子が、自分の子を天使園に預けるためにやって来るのを見るとき。

(6)例 天使園で育った子供が世の中に出て一人前の働きをして、幸福に生きることを願っている人物。

2 ①鶏 ②監督 ③泥 ④傲慢

考え方

1 (1)「わたし」は、ルロイ修道士の遺言のような言葉と、「病人の手でも握るよう」な握手から、ルロイ修道士は病気なのではないか、いとまごいにかつての園児を訪ね歩いているのではないか、という疑いをもったのである。この二つが書かれた一文を探せばよい。

(2)「……ときがいっとう楽しい。」とある一文に着目する。

(3)「はばかる」は「遠慮する」ということ。(1)で見たように、「わたし」は、ルロイ修道士は病気ではないか、いとまごいにかつての園児を訪ねているのではないかと疑っている。しかし、ルロイ修道士はそのことを隠しており、また、直接に「死ぬこと」を尋ねるのも失礼で酷なことだと思って遠慮したのである。

(4)――線④と同じ段落の最後に、「だから、忘れるわけはない」とある。この「だから」が受ける内容を前の部分から読み取ればよい。「ある春の朝、……捨てられていた子だ。」とあり、捨て子が春になると増える理由が書かれているが、その子を「わたし」が拾ったとは書かれていないので、イは誤り。

(5)――線⑤の次のルロイ修道士の言葉に、「それを見るときがいっとう悲しい」とある。この発言にある「それ」が指し示すのは、「天使園で育った子が、……上ってやって来る。」の部分。この部分をまとめればよい。

(6)「わたし」への助言とは、仕事がうまくいかないときは「困難は分割せよ」という言葉を思い出してほしいという、かつての園児を思いやっての言葉である。また、(5)の「いっとう悲しいとき」の内容や、(2)の「楽しかったこと」の内容、上川一《かみかわかず》雄《お》君のバスに乗り合わせたときを「いっとう楽しい」と言っていることから、天使園で育った子供が世の中に出て一人前の働きをしていることに喜びを感じ、幸福に生きることを願っていることが読み取れる。それらをまとめればよい。別解答としては、「天使園で育った子供が社会に出て一人前の働きをし、幸福な人生を歩むことを願っている人物。」など、同様の内容であれば正解とする。

読解テクニック

1 (6)**人物像はそれが表れた部分に印を付けてまとめる！**

人物像とは、その人物の考え方や生き方が表れた姿である。考え方や生き方は、会話や行動で表現されるので、その部分に――などの印を付け、まとめるとよい。また、用いる言葉が指定されている場合は、その言葉と人物の考え方や生き方との関連を考えてまとめる。

ぴたトレ3②

1

(1) 右の人さ～て掲げた（しぐさ。）

(2) 例 自分の死期が近いことを「わたし」に気づかれたと感じたから。

(3) わかりました

(4) イ

(5) 例 わたしたちに会って回っていた頃のルロイ修道士は、身体中が悪い腫瘍の巣になっていたこと。

(6) 例 ルロイ修道士の身体に巣くった腫瘍への怒りと、病気を隠して元園児たちに会いに回っていたルロイ修道士への怒りの思い。

2

①洗濯　②穏　③開墾　④冗談

考え方

1

(1)「これ」は、直前のルロイ修道士のしぐさを指している。そのしぐさは、「幸運を祈る」「しっかりおやり」という意味のルロイ修道士の指言葉なのである。

(2)「わたし」の「死ぬのは怖くありませんか。」という問いかけに、ルロイ修道士が、いたずらを見つかったときのように「少し赤くなって頭をかい」ていることに着目する。「わたし」の突然の問いかけに、今まで隠していたつもりのこと（＝自分の死期が近いこと）に気づかれていると思ったことが読み取れる。なお、答えは、「死期が近いことを気づかれた」といった内容を押さえていれば正解とする。

(3)設問に、「ルロイ修道士に二度と会えないかもしれないという『わたし』のつらく悲しい思い」とあるので、ルロイ修道士との別れの場面に着目する。ルロイ修道士とは二度と会えないかもしれないと思った「わたし」は、指言葉で「わかりました」と答え、しっかりと握手をし、腕を上下に激しく振ったのである。

なお、この「握手」は、「わたし」とルロイ修道士が初めて天使園の園長室で会ったときの、ルロイ修道士の力強い握手と対応しており、また、この作品の題名になっている、印象的な「握手」である。

(4)直後の「顔をしかめてみせた。」に着目する。「顔をしかめてみせた」には、「顔をしかめる」ことを楽しむ雰囲気がある。同様に考えると、「痛いですよ。」も文字通りの意味ではなく、「わたし」の力強い握手を喜んでいると思われる。それは、言葉にできない思いのこもった力強い握手に、「わたし」が今もなお自分を敬愛してくれていることを感じ取ったからであろう。

(5)前の文に書かれている。指示語の指し示す内容は前の部分にある、という原則を忘れないこと。

(6)「わたし」は葬式で、ルロイ修道士がどういう状態でわたしたちに会って回っていたのかを知る。そのことを押さえ、指言葉の意味「お前は悪い子だ」は何に向けられたものかを考える。一つは、ルロイ修道士の身体《からだ》に巣くった腫瘍に対して、一つは、そんな身体の状態であることを隠し、自分の身体をいたわらずに元園児たちに会いに回っていたルロイ修道士に対してである。それらをまとめて答える。別解答としては、「ルロイ修道士を死に追いやった病魔への憤りと、病の身をかえりみず子供たちを訪ね歩いたルロイ修道士への怒りの思い。」など、同様の内容であれば正解とする。

読解テクニック

1 (3) **抜き出し問題の条件に◯や——を付けておく！**

抜き出し問題の設問文にある、字数、文数、符号のあるなしなどの条件に◯や——を付けておくとうっかりミスが防げる。意外に多いのが、文の初めの◯字を抜き出せとあるのに、解答の中心になる文の途中から抜き出してしまうミスである。なお、答えの部分にも——を引き、一字一句誤りがないようにするとよい。

学びて時に之《これ》を習ふ――「論語」から

p.14

ぴたトレ1

1 ①とくめい

2 ①イ ②ア ③エ ④ウ

3 ①1・3・2 ②3・1・2・4 ③4・1・3・2・5
④6・1・4・2・3・5

p.15

ぴたトレ2

1 (1)孔子 (2)ウ (3)ア (4)不二亦楽《シカラ》一乎。

漢字1 熟語の読み方

p.16

ぴたトレ1

1 ①せいとん ②はんぷ ③ながそで ④まくらもと ⑤ちゃがま
⑥りょうわき ⑦べつむね ⑧ひがた ⑨あさせ ⑩じゅんすい
⑪ひとみ ⑫えっけん ⑬じょうまえ ⑭かんじゃ ⑮こうおつ
⑯やきん ⑰りゅうさん ⑱ほうしゅう ⑲ばいしょうきん
⑳かんかつ ㉑こうとう ㉒だったい ㉓さた ㉔ろうでん

2 ①イ ②ア

p.17

ぴたトレ2

1 ①ア ②イ ③ア ④イ ⑤イ ⑥ア

2 ①ア／ブあい ②イ／けしイン ③イ／いしダン
④ア／チャブつ ⑤ア／オウさま ⑥イ／みブン

3 (1)①しらが ②おじ ③もめん ④やまと ⑤つゆ ⑥ふぶき
(2)①aかんき bさむけ ②aおおぜい bたいせい
③aぶんべつ bふんべつ ④aせすじ bはいきん

考え方

1 音読みを片仮名で、訓読みを平仮名で記すと以下のようになる。①キョウ・コク、②くろ・しお、③ハ・バツ、④うわ・ぎ、⑤あい・いろ、⑥ソッ・コウ。

2 ②「消印」は「消し印」とは書かない。「消」のみで「けし」と読む。③「段」、④「茶」、⑤「王」は訓読みのない漢字。⑥「分」には、「フン・ブン・ブ」の音読みがある。

3 (1)特別な読み方で答える。①「はくはつ」、⑤「ばいう」では不正解。
(2)②b「たいせい」は「全体から見た、おおよそのありさま」のこと。
③a「ぶんべつ」は「種類によって分けること」、b「ふんべつ」は「物事の道理・善悪などを常識的に判断すること」である。

作られた「物語」を超えて

p.18

ぴたトレ1

1 ①きょうぼう ②じゅう ③ゆうそう ④ひさん ⑤おうべい
⑥くさり ⑦こちょう ⑧ふんそう ⑨めぐ ⑩か

2 ①キ ②カ ③オ ④ア ⑤ウ ⑥エ ⑦イ

3 ①序論 ②本論 ③結論

4 ①ドラミング ②シルバーバック

p.19

ぴたトレ2

1 (1)例呼びかけるとき。(八字)
例けんかを制止するとき。(十一字)
(2)シルバー～返るから
(3)ア

p.20～21

ぴたトレ3

1 (1)人間があ～いるから

(2) ①㊞自分が体験したことを語ること。
㊞多くの知識を共有すること。
②イ
(3) ㊞自分の体験を脚色したり誇張したりする力。
(4) ウ
(5) ㊞自分たちに都合のよい「物語」を作り、反対側の立場に立って自分たちを眺めてみることをしないから。

2 ①凶暴 ②銃 ③勇壮 ④巡

考え方

1 (1) 続く部分に書かれている。理由を表す「〜から」に着目すればよい。

(2) ①——線②を含む文と次の文に「……できるようになった。」という形で書かれている。そこから必要な言葉を抜き出し、「〜こと。」とまとめる。二・三文目の「自分が体験……学ぶことができる。」は、それを具体的に表現したものである。

②設問文に「人間の社会」「知識の蓄積」「技術」とあるので、それをキーワードに読み進めると、「言葉は人間の社会に知識を蓄積し、……人間が飛躍的に発展する道を開いた。」とある。

(3) 「力」をキーワードに探すと、直前の文に「言葉には……力もある。」とある。

(4) 直後の「だが」という逆接の接続詞に着目すると、「だが」の前には大きな悲劇を抑えることができる場合、後には抑えることができない場合が書かれていることがわかる。

(5) 続く部分に「〜からだ。」とあることに着目する。この文には、人間がどんな「物語」を作るかが書かれている。設問では「どんなことをしないから」かも問われているので、「しない」という言葉をキーワードに探すと、その次の文に「どちらの側にいる人間も、……ことをしない。」とある。この二つを落とさずに簡潔にまとめる。別解としては、「自分側に都合のよい『物語』を作り、相手側の立場に立って自分側を眺めることをしないから。」など、同様の内容であれば正解。

読解テクニック

1 (5) **答えの部分を□で囲み、重要語に印を付ける！**

「簡潔に説明しなさい」「まとめて答えなさい」などの設問では、まず答えとなる部分を見つけて□で囲み、重要な言葉に——や◯などを付けておく。（問われていることが二つのときは、それぞれに印を付ける。）それらを落とさないように、また長いものは簡潔な表現に変えるなどして、全体をまとめる。

文法への扉1 すいかは幾つ必要？

p.22

ぴたトレ1

1 ①ぼうしょ ②あわだ ③しんぼく ④どうりょう ⑤ぞうきん
⑥におい（くさ） ⑦すいそう ⑧こんだん ⑨かんてつ
⑩けんやく ⑪はくらい ⑫たんてい ⑬そうりょ ⑭もほう
⑮ほったん ⑯そうけ ⑰じゅみょう ⑱じっけい ⑲こくだか

2 ①ウ ②イ ③エ ④ア

p.23

ぴたトレ2

1 ①㊞私の夢は、世界中を旅して回ることです。
②㊞友達が冗談を言って、みんなを笑わせている。
③㊞私には、父が妹に甘すぎると思える。
④㊞父の仕事は、新薬を開発することだ。

2 ①㊞父は玄関に向かった。
㊞僕は慌てて父に呼びかけた。（順不同）
②㊞玄関に向かった父に、僕は慌てて呼びかけた。

3 ①ウ ②イ ③エ ④ア

4 ①イ ②ア

考え方

1 ①主・述がうまく対応していない。「私は、世界中を旅して回るのが夢です。」と主部を直しても正解。
③主・述の対応が不自然。「私は、父が妹に甘すぎると思う。」「父が妹に甘すぎると、私は思う。」などでも正解。
④主部と述部で、「仕事」という言葉が繰り返されていて不自然。「新薬を開発するのが、父の仕事だ。」でも正解。

2 この文は、「慌てて」いるのが「僕」なのか、「父」なのか、二通りに解釈できる。
①動詞の「向かった」「呼びかけた」をそれぞれの文の述語にし、「僕」が主語の文の連用修飾語に「慌てて」を入れればよい。
②①の二文をつなげればよい。主語と述語を近づけることで、文がすっきりし、意味が捉えやすくなる。

3 呼応の副詞は、その副詞に対応する語を覚えておくこと。

4 ①ここの「を」は格助詞で、移動する場所や経過する場所を表す。
②ここの「で」も格助詞で、その動作が行われる場所を表す。

p.24〜25

ぴたトレ3

1 (1)①A家が　B建っている
②A太陽が　B照りつける
(2)①Aア　Bウ　②Aイ　Bウ　③Aア　Bイ　④Aイ　Bウ
(3)①イ　②ア　③イ　④イ
(4)①例弟を笑わせている
②例人のためになる仕事に就くことだ
③例世話することだ
④例考えすぎると思える
⑤例準備運動をすることを心がけている

2 (1)①Aイ　Bア　②Aウ　Bイ　③Aウ　Bア
④Aイ　Bウ
(2)①例父はタクシーを止めた。
例私は急いで父に封筒を渡した。(順不同)
②例タクシーを止めた父に、私は急いで封筒を渡した。

3 ①オ　②キ　③ウ　④カ　⑤エ　⑥ア　⑦イ　⑧ク

考え方

1 (2)①アは「たたいた」を修飾する連用修飾部。②イは「上京する」を修飾する連用修飾部。③アは「父が」を修飾する連体修飾部、④イは「見た」を修飾する連用修飾部。
(4)②・④は主語(部)と述語(部)の対応が不自然である。③主部と述部で、「日課」という語が繰り返されていて不自然。⑤自分の行動に、推定の助動詞「ようだ」を用いるのは不自然。

2 (2)①私が急いで封筒を渡したことがわかる文と、父がタクシーを止めたことがわかる文に分けて書けばよい。
②主語と述語をできるだけ近くに配置することで、わかりやすい文にすることができる。

実用的な文章を読もう

p.26

ぴたトレ1

1 ①ひょうしょう　②たき　③じょうじゅん　④すいせん
⑤こうそく　⑥たいぐう　⑦じゅんきょうじゅ　⑧こうけん
⑨かいぎてき　⑩へいき

2 イ・エ・キ

3 ①取扱説明書　②折り込み広告　③パンフレット
④行事や教室のお知らせ　⑤地域の祭事のお知らせ

p.27

ぴたトレ2

1 (1)例特売セールが開催されること。
(2)例タウンホールの近くの大型駐車場。
(3)ウ
(4)ウ

俳句の可能性／俳句を味わう

p.28

ぴたトレ1

1 ①ひざ ②かろ

2 ①イ ②カ ③ケ ④オ ⑤ク ⑥ア ⑦エ ⑧キ ⑨ウ

p.29

ぴたトレ2

1 (1)季語…雪　季節…冬
(2)イ
(3)有季定型
(4)これ以上は言えないという断念

p.30～31

ぴたトレ3

1 (1)A①椿 ②春　C①萬緑 ②夏　D①飛び込み ②夏
E①露 ②秋
(2)Aけり　Cや
(3)Bバスを待ち／大路の春を／うたがはず
D飛び込みの／もう真っ白な／泡の中
(4)イ
(5)記号…A　句…赤い椿
(6)①C ②E ③B ④D
(7)例(この俳句は)作者の孤独な心情を詠んだもので、それは「一人」という言葉の体言止めによって表されている。

2 ①隔 ②膝 ③跳 ④軽

考え方

1 (1)季語は、季節を感じられる言葉を探せばよい。また、季語の季節は、一～三月が春、四～六月が夏、七～九月が秋、十～十二月が冬と、現在の感覚とは捉え方が違っていることにも注意すること。
(2)切れ字には、他にも、「かな」「ぞ」「よ」などがある。
(3)音数を丁寧に数えればよい。
(4)「季語」があり(有季)、五・七・五の十七音(定型)で表現されているので有季定型。
(5)「赤い椿《つばき》」(あかいつばき)が六音になっていて字余り。
(6)俳句を読んで、情景を思い浮かべてみよう。また、鑑賞文と俳句に共通する言葉があれば、それがヒントになる。
(7)「一人」という言葉に作者の孤独な心情が表現されているが、それが体言止めであることで、その余韻が響き、作者の心情が読む者に迫るのである。別解としては、「この俳句は作者の孤独感を詠《よ》んだもので、それは体言止めを用いた「一人」に強く表れている。」など、「孤独」「一人」「体言止め」を押さえた答えならば正解とする。

読解テクニック

1 (3)(5)**俳句の音数は拗音《ようおん》に注意して数える！**
Cの俳句の「萬緑《ばんりょく》の」は、「ば／ん／りょ／く／の」で五音。小さい「ゃ・ゅ・ょ」を拗音といい、拗音は直前の音といっしょにして一音と数える。Dの俳句の「真っ白」は、「ま／っ／し／ろ」で四音。小さい「っ」は促音といい、一音に数える。「もう真っ白な」で七音になる。

言葉1 和語・漢語・外来語

p.32

ぴたトレ1

1 ①さむらい ②よい ③たき ④くわばたけ ⑤そしょう ⑥さいけん ⑦ねんぽう ⑧はたん ⑨いんぺい ⑩しんちょく ⑪おろしう

2 ①カ ②イ ③ア ④ウ ⑤オ ⑥エ

p.33

ぴたトレ2

1 (1)①イ ②イ ③ウ ④ア ⑤ア ⑥ウ
(2)①ウ ②ア ③イ ④ア ⑤ウ ⑥イ
(3)①主題 ②オペラ ③肯定的 ④苦笑い ⑤行為 ⑥机

2 ①漢語＋外来語 ②外来語＋漢語 ③漢語＋和語 ④和語＋漢語

考え方

1 (2)例外はあるが、基本的に訓読みは和語、音読みは漢語、片仮名は外来語と覚えておくとよい。
①「かるた」は元々はポルトガル語。「加留多」「カルタ」なども書かれる、外来語意識が薄くなっている語の一つである。
②「童歌」は、「わらべ」「うた」とも訓読みなので和語である。
(3)①の「テーマ」は、「主題・題目・議題」などと言い換えられ、③の「ポジティブ」は、「積極的・肯定的」と言い換えられるが、文の内容から①は「主題」、③は「肯定的」が適切だといえる。

2 ③「外国」は音読みで漢語、「土産」は熟字訓（特別な読み方をする熟語）なので和語である。

「私の一冊」を探しにいこう

p.34

ぴたトレ1

1 ①はがね ②くも ③あらし ④か ⑤けんばん ⑥うず

2 ①ウ ②エ ③ア ④イ

3 ①外村 ②窪田 ③板鳥

4 ①体育館 ②教室 ③職員玄関 ④体育館

p.35

ぴたトレ2

1 (1)大事なこと／どうでもいい
(2)茶色のジャ
(3)例空調を直す仕事。
(4)ア

挨拶――原爆の写真によせて

p.36

ぴたトレ1

1 ①キ ②ケ ③コ ④ウ ⑤ク ⑥オ ⑦エ ⑧イ ⑨ア ⑩カ

p.37

ぴたトレ2

1 (1)口語自由詩
(2)ウ
(3)ア
(4)イ

考え方

1 (1)この詩は現代の言葉で書かれ、音数や行数に一定の決まりがないので口語自由詩である。
(2)第五連に着目する。今なお地球上に数百個の原爆があり、いつ投下されてもおかしくない「生と死のきわどい淵《ふち》」に私たちは生きている。しかし、友の顔は安らかで美しく、その危機を認識もしないで油断している。その様子を見て、作者はりつぜんとしたのである。なお、この詩でいう「友」（＝「あなた」）とは、読者を含めた全人類のことだと考えてよい。
(3)「午前八時一五分」とは、広島に原爆が投下された時刻であることを押さえておく。それが「毎朝やってくる」と表現することで、原爆が投下され、同じような悲劇が起こる可能性があることを述べて、危機を認識するように警鐘を鳴らしているのである。
(4)地球上に数百個の原爆がある今現在、原爆投下は決して過去の出来事ではなく、現在も続いている危機なのである。そういった危機的状況の中で生きていることを認識し、自分で状況を判断する（＝見きわめ、えり分ける）ことが重要だといっているのである。

故郷

p.38

ぴたトレ1

1 ①かんさん　②こん　③やと　④つや　⑤できあい　⑥ゆ　⑦ちくしょう　⑧へい　⑨ぬ　⑩びんぼう　⑪さいふ　⑫だちん　⑬だんな　⑭した　⑮ま　⑯すうはい

2 ①エ　②オ　③イ　④ア　⑤ウ

3 ①私　②ホンル　③ルントウ　④ヤンおばさん　⑤ルントウ　⑥私

p.39

ぴたトレ2

1 (1)例(目の前の故郷より)もっとずっとよい、美しい故郷の姿。
(2)イ
(3)古い家／他人／別れ／異郷／引っ越さ

p.40～41

ぴたトレ3①

1 (1)例来た客がルントウだとわかったから。
(2)①艶のいい丸顔
②血色のいい、丸々した手
(3)①黄ばんだ～れていた
②太い、節～ような手
(4)イ
(5)イ
(6)例身分や境遇の違い。(九字)

2 ①溺(溺)愛　②雇　③塀　④貧乏

考え方

1 (1)次の段落の初めに、「来た客はルントウである。」とある。「私」は人の気配に振り向いてみたところ、客が懐かしいルントウだとわかり、「あっと声が出かかった」のである。

(2)(3)――線②の次の文から、この段落の終わりまでに、「昔の」「記憶にある」ルントウが、今はどうなったかが書かれている。「艶のいい丸顔」は「黄ばんだ色に変わり、しかも深いしわが畳まれ」て、「血色のいい、丸々した手」は、「太い、節くれだった、……松の幹のような手」に変わっていたのである。他にも、「背丈は倍ほどになり」「目も、……周りが赤く腫れ」るなどに変化していた。これらは過酷な境遇のせいなのだが、このルントウの変化が、「私」の心情に重い影響を与えてくる。

(4)ルントウとの再会に「感激で胸がいっぱいに」なった「私」は、「ルンちゃん――よく来たね……。」と言い、言いたいことが後から後から湧いて出たものの、結局続く言葉が口から出なかった。それは、(3)で見たように、目の前にいるルントウが、「私」の思い出の中のルントウとは、すっかり変わっていたからである。「よく来たね……。」の「……」に、すっかり変わってしまったルントウに対する「私」の驚きや困惑といった心情が表れている。

(5)ルントウも、懐かしい「私」との再会を喜んでいるのである。しかし、そこには子供のときには感じなかった身分の差と、対等に接することは許されないという意識があり、それが「寂しさ」となって現れたのである。――線④の後の「声にはならなかった」ところに、ルントウのためらいが、最後に、「うやうやしい態度」で「旦那様！……。」と言ったところに、身分の差を受け入れたルントウの今の心の状態が描かれている。

(6)この文章全体から考える。ルントウの姿や心は、「私」の「記憶にある」ルントウとは変わってしまっていた。それは、子だくさん(シュイションは五番目の子)で、その子供たちを養うために、一日中海辺で耕作しなければならない境遇のためであり、「私」を「旦那様」と呼ばなければならない身分の差のためである。それを「私」は、二人の間を隔ててしまった「悲しむべき厚い壁」といっているのである。別解としては、「境遇の違いと身分の差。」(十一字)など、同様の答えであれば正解。

読解テクニック

1 (6)「〜字程度」での答えは、指定字数に近い字数で答える。

「〜字程度」と指定されていたら、そのプラスマイナス二字の範囲内で答えるのがベスト。少なすぎたり多すぎたりしては、減点や誤答となるので注意しよう。

p.42〜43

ぴたトレ3②

1

(1)①ルントウ　②孤独

(2)例自分の選択した生き方をしているという意味。

(3)互いに隔絶する

(4)例若い世代が、「私」たちの経験しなかった新しい生活をもつこと。

(5)ウ

(6)金色の丸い月

(7)例道は地上にもともとないが、歩く人が多くなれば道になる。同様に、希望ももつ人が多くなれば実現されるから。

2

①艶　②畜生　③駄賃　④旦那

考え方

1 (1)「高い壁」とは、「私」とルントウの心の交流を隔てるものである。「自分だけ取り残された」という表現に、「私」の孤独な思いが表れている。なお、②は「疎外」「隔絶」「孤立」などでも正解。

(2)直後に、「私」は「ルントウとの距離」、つまり境遇の違いや身分の差について考えを巡らせている。それを踏まえれば、「自分の道」とは、自分の選択した道(=生き方)ということがわかる。「私」は、その生き方を確かにしているという実感をもったのである。

(3)ここでの「距離」とは、「私」とルントウとの境遇や身分の差に対する考え方の隔たり、といった意味。その距離が「全く遠くなった」とは、隔たりが大きくなったということ。それと同じような言葉を探せばよい。

(4)——線④を含む文と次の文を、「彼ら」とは誰のことかを押さえてまとめればよい。詳しくいえば、若い世代が、魂をすり減らす生活や心が麻痺《ひ》する生活、野放図に走る生活でない、新しい生活をもつこと、である。

(5)「希望」という言葉から、ルントウが香炉と燭台《しょくだい》を所望したときに、偶像崇拝だと笑ったことを思い出したのだが、自分のいう「希望」も、ルントウの偶像崇拝と何ら変わらない、ただ自分だけが信じて自己満足しているようなものではないかと気づいたのである。

(6)「希望」について考えを巡らせ、「まどろみかけた私の目」に見えた風景、それは「私」の心の風景ともいえる。そこから、「希望」というにふさわしいものを、指定字数を参考に抜き出せばよい。

なお、「金色《こんじき》の丸い月」は、ルントウとの思い出の場面で、「私」の脳裏に浮かんだ画面の中にも登場していることを押さえておこう。

(7)最後の二文を参考にまとめる。同じ所を歩く人が多くなれば「道」ができるように、同じ「希望」をもつ人が多くなれば「希望」は実現するのだ、と考えたのである。別解としては、「多くの人が歩くことで『道』になったように、多くの人が同じ希望をもてば、希望は実現するから。」など、「歩く人が多くなる」→「道」ができる=「希望をもつ人が多くなる」→「希望」が実現する、ということを押さえていれば正解とする。

読解テクニック

1 (7)——線部の指示語と指示内容に印を付けて、設問に当てはめる！

——線部に指示語がある場合、その指示語の指し示す内容を押さえなければ、設問は解けない。まず、その指示語に〇などを、指し示す内容の部分に——などを引いて、設問の指示語に当てはめてみると、設問が解きやすくなる。

言葉2 慣用句・ことわざ・故事成語

p.44

ぴたトレ1

1 ①さる ②こま ③こけつ ④ごえつ

2 ①イ ②ウ ③ア

3 ①ウ ②エ ③ア ④イ

p.45

ぴたトレ2

1 ①オ ②キ ③イ ④ア ⑤エ ⑥ク ⑦ウ ⑧カ

2 (1)①オ ②ウ ③イ ④エ ⑤ア

(2)ア

(3)①エ ②ウ ③オ ④イ ⑤ア

考え方

1 ①「敷居」とは、部屋を仕切る障子やふすまの下にある、溝のある横木のこと。「あの失敗以来、先生の家は敷居が高い」などと使う。⑤「うだつ」とは、家屋の梁《はり》の上に立てて棟木《むなぎ》を支える短い柱のこと。物置同様の質素な家に住んでいて、梁の上にうだつを上げられない、家らしい家に住めないということからいう。(「うだつ」は屋根の両端に設ける防火用の小屋根付きの土壁《つちかべ》のことで、富裕を示すものであったが、それを造る財力がないことからいうとも。)「彼は能力があるのに、いつまでたってもうだつが上がらない」などと使う。⑥「壁に突き当たる」ともいう。

2 (2)「立て板に水」は、よどみなくすらすらと話すことのたとえ。「むだなこと。何を言われても平気なこと」の意味に間違えやすいので注意しよう。

漢字2 漢字の造語力

p.46

ぴたトレ1

1 ①きゅうけい ②しょうもう ③こくめい ④ぶじょく ⑤ぼんよう ⑥しょみん ⑦ふしょうじ ⑧ちんあつ ⑨れいじょう ⑩ちゅうすう ⑪しゅくせい ⑫ごうけん ⑬むなざんよう ⑭ひつぜつ ⑮みぞう ⑯めんぼく（もく） ⑰すけ ⑱へいそくかん ⑲かっとう ⑳しんらつ ㉑ゆううつ ㉒しゅさい ㉓じょう ㉔さいえん

2 ①イ ②ア

p.47

ぴたトレ2

1 ①ウ ②エ ③イ ④ア

2 ①国民・健康・保険 ②民間・非・営利・団体 ③国家・公安・委員・会 ④文部・科学・省

3 (1)①エ・ク ②ア・カ ③ウ・オ ④イ・キ（①～④とも順不同）

(2)①非 ②成 ③消 ④退

(3)①懲悪 ②霧消 ③妄動 ④東奔

考え方

3 (3)①「勧善懲悪」は、よい行いを勧め、悪い行いを懲らしめること。②「雲散霧消」は、あとかたもなく消え去ること。③「軽挙妄動」は、深く考えずに、軽々しく行動を起こすこと。④「東奔西走」は、目的を遂げるため、あちこち忙しく駆け回ること。

人工知能との未来

p.48

ぴたトレ1

1 ①しょうぎ

2 ①カ ②ケ ③ア ④キ ⑤ク ⑥イ ⑦エ ⑧オ ⑨ウ

3 ①人間 ②人間／人工知能／人工知能 ③人工知能／人間

p.49

ぴたトレ2

1 (1)過去の膨大～を判断する
(2)結論／ブラックボックス
(3)人間が無意～いない相手

人間と人工知能と創造性

p.50

ぴたトレ1

1 ①カ ②ク ③エ ④イ ⑤ア ⑥ケ ⑦ウ ⑧キ ⑨オ

2 ①コンピュータ／コンピュータ／コンピュータ／人間／コンピュータ
②コンピュータ
③人間

p.51

ぴたトレ2

1 (1)人間のような知能
(2)①ア ②ウ ③イ
(3)ウ

人工知能との未来／人間と人工知能と創造性

p.52〜53

ぴたトレ3

1 (1)あくまでセ～っていく道／人工知能が～げていく道（順不同）
(2)イ
(3)①㋑人間と人工知能がそれぞれ得意なことを分担し、共同して物事に当たること。
②㋑コンピュータがたくさん出したアイデアを評価して、具体的な完成品にしていくこと。
(4)A㋑人工知能が学習するいっぽうで、人間の側も人工知能から学ぶという関係が望ましい。
B㋑人工知能が作り出す候補の評価を適切にこなすために、人間もさまざまな経験を積んでバランスの取れた知識をもち、判断力を養うことが大切である。

2 ①環境 ②膨大 ③偏 ④陥

考え方

1 (1)「道」という言葉に着目すると、後の部分に「あくまでセカンドオピニオンとして……使っていく道」「人工知能が出した結論を基に、……自分の思考の幅を広げていく道」とある。

(2)——線②のある文の前の部分から読み取る。「人工知能に全ての判断を委ねる」（人間の思考や判断は一切加えない）のではなく、「人工知能から新たな思考やものの見方をつむいでい」くという発想のほうが建設的だと述べている。これは、(1)で問われた、二つの活用の道をまとめたものだといえる。

(3)①「したがって」以下に述べられている。「人間とコンピュータは得意なことが異なる」のだから、それぞれが得意なことを受け持ち、共同して物事に当たるのがよいと考えているのである。

②設問文に「創造的な活動において」とあることに着目する。直接的には「人間がそれらを……完成品にしていく」ことだが、ここでの「それら」が指し示すものを明確にして答えること。

(4)A・Bそれぞれの第二段落に着目しよう。Aの文章では、人工知能とどのように向き合い、どのような関係を結ぶべきかを述べ、Bの文章では、人間と人工知能が補完し合う関係の中で、今後人間に必要な能力は何であるかを述べている。別解としては、Aは「人工知能が学習し提示した結論から、人間の側も新たな思考や判断を学ぶ関係が望ましい。」など「人工知能から学ぶ」ことが、Bは「人工知能の進化とともに、人間も適切に評価するための経験を積み、判断力を養うことが大切である。」など「評価の能力を養う」ことが押さえられていれば正解とする。

読解テクニック

1 (2)**長い選択肢は二つに分けてそれぞれ確認する！**

選択肢が長い場合は、二つに分けて考えることが大事。それぞれ分けた内容を、文章と照らし合わせながら考える。照らし合わせる部分に——を引く、選択肢の文にも○（適切）や△（不適切）を付けるなどすると、より確実になる。

音読を楽しもう　初恋

p.54

ぴたトレ1

1 ①かっしょく　②こはん　③ほのお　④せきつい　⑤あねったい　⑥こうばい　⑦せんかい　⑧さんろく　⑨くはい　⑩えいしょう　⑪きょうしゅう　⑫あいとう　⑬たいだ　⑭せんりつ　⑮こも　⑯こわいろ　⑰いわむろ　⑱じびか　⑲めいろ　⑳はつこい

2 ①ウ　②ア　③イ

p.55

ぴたトレ2

1 (1)ウ　(2)やさしく　(3)イ

考え方

1 (1)「あげ初《そ》めし前髪」とは、あげ始めたばかりの前髪、ということ。

この時代、子供の頃は前髪を下ろしているが、前髪を結い上げることで大人の女性への転換を示した。

(2)この連の前半二行に書かれた「君」のしぐさを押さえる。

(3)連ごとの内容を捉える。第一連は、成長した君との出会いと憧れ、第二連は「君」への恋の始まり、第三連は「君」との恋の成就《じょうじゅ》、第四連は「君」との恋の深まりと回想が表現されている。この内容を押さえているものを選べばよい。

和歌の世界／音読を楽しもう　古今《こきん》和歌集　仮名序

p.56

ぴたトレ1

1 ①よろず　②おもう　③いいいだせる　④うぐいす　⑤かわず　⑥いずれか　⑦あわれ　⑧おとこおんな

2 ①ウ　②ア　③オ　④イ　⑤エ

p.57

ぴたトレ2

1 (1)紀貫之　(2)種…人の心　葉…やまとうた　(3)ウ　(4)力をも入れず

君待つと——万葉・古今・新古今

p.58

ぴたトレ1

1 ①こきん　②はごろも　③とうと　④はなお

2 ①エ　②ウ　③ア　④イ

3 ①ける　②ける　③たる　④けん　⑤けれ

p.59

ぴたトレ2

1 (1)白たへの衣干したり　(2)ア　(3)多摩川にさらす手作り　(4)①D　②E

p.60〜61

ぴたトレ3

1 (1)長歌　(2)B　(3)体言止め

(4) ①ぞ ②ける
(5) ア
(6) ①A ②C ③E ④F
(7) 例花も紅葉もない、海辺の漁夫の家の辺りの秋の夕暮れの情景。

2
①衣 ②傾 ③緒 ④忍

考え方

1
(1)長歌とは、五音・七音を繰り返して、多くは最後を七音・七音で結ぶ形式。この和歌にあるように、普通その後に反歌《はんか》（長歌の意味を要約したもの）を詠《よ》み添える。
(2)音数を数えてみればよい。Bの反歌は「たごのうらゆ／うちいでてみれば／ましろにそ／ふじのたかねに／ゆきはふりける」となり、初句・二句が音数を超えている。
(3)C・Gとも句末を体言（名詞）で結び、余韻を残している。
(4)「ぞ・なむ・や・か・こそ」の係りの助詞は覚えておくこと。ここでは、「ぞ」を受けて、「けり」となるところが「ける」と変化している。
(5)この和歌は、「人の心」と「花の香」を対比して、人の心は（変わるかどうか）わからないが、花の香りは昔と変わらない、と詠んでいる。
(7)「浦《うら》の苫屋《とまや》」とは、海辺にちらほら見える漁夫の家のこと。見渡しても、美しい花も秋の紅葉もないという情景を詠んだもの。同様の解釈であれば正解。ちなみに、この和歌は「三夕《さんせき》の歌（秋の夕暮れの風情《ふぜい》を詠んだ三首の名歌）」の一つである。

読解テクニック

1 (6)鑑賞文の選択肢の文の中のヒントを見つける！
選択肢の中には、必ず和歌と関連のある言葉が入っている。それを見つけて、和歌と読み比べてみればよい。

夏草――「おくのほそ道」から

p.62 ぴたトレ1

1 ①べっそう ②かどで
2 ①ウ ②ア ③イ
3 ①季語…蟬（の声） 季節…夏 ②季語…ほととぎす 季節…夏 ③季語…五月雨 季節…夏 ④季語…天河 季節…秋 ⑤季語…きりぎりす 季節…秋

p.63 ぴたトレ2

1
(1) 旅人／旅
(2) イ・エ（順不同）
(3) そぞろ神～につかず
(4) 季語…雛 季節…春

p.64～65 ぴたトレ3

1
(1) ア
(2) イ
(3) 前…例高館に登ると、北上川が見える。
後…例北上川は、南部地方から流れてくる大河である。
(4) ア
(5) イ
(6) 例（源）義経と義経の忠義の家来たち。
(7) ウ
(8) イ
(9) 季語…卯の花 季節…夏 切れ字…かな
(10) さても義臣
(11) 例人間の営みのはかなさと、変わることのない自然の悠久さ。

2
①繕 ②別荘 ③空虚 ④覆

考え方

1

(1)「栄耀《ええう》」とは、ここでは栄華のこと。「一睡のうちにして」は、中国の故事を基にしたもので、人生の栄華のはかないことのたとえ。つまり、三代の栄華ははかないものであった、という意味を表すものを選べばよい。

(2)「こなた」とは、こちら、こっち、の意味。つまり、居館の大門《だいもん》が一里（約三・九キロメートル）も手前にあるということで、その居館の規模の大きさを表現しているのである。

(3)まず、助詞を補えば、「高館《たかだち》に登れば、北上川《きたかみ》は南部より流るる大河なり。」となる。すると、後の一文は、「北上川は……大河なり。」であることがわかる。では、前の一文はと考えると、「北上川」が重複しているために後に続く述語が省略されていることがわかる。そこで、「高館に登れば、北上川」がどうしたのか、述部を補えばよい。

(4)「落ち入る」とは、ここでは、流れ込む、といった意味。「高館」の下で「大河」（＝北上川）に流れ込んでいるのは何か（＝主語）を読み取る。

(5)「南部口をさし固め」ているものは何かを読み取る。

(6)歴史的背景を押さえているかが問われる問題。いわゆる「衣川《ころも》の戦い（合戦）」であるが、ここでの「義臣」とは源 義経《みなもとのよしつね》に仕えた忠義の家臣であり、それをえりすぐったのは義経であることを押さえて答える。

(7)この部分を言葉を補って訳すと、「功名を立てたのも一時のことで、今はただの草むらとなってしまった。」となる。ここから感じ取れる感慨を読み取る。

(8)前の一文と関連させて考える。義経主従の奮戦も、「国」というものも、人の営みははかないものであるが、自然の様子は変わらない、ということである。

(9)季節は、芭蕉《ばしょう》の句に「夏草」とあるのがヒントになる。また切れ字は、「ぞ・や・かな・けり」の四字を押さえておくとよい。

(10)この文章は、目の前の情景を描いた部分と、作者が感傷に浸る部分とに分けられる。「さても（＝それにしても）」、「涙を落としはべりぬ。」といった表現に着目すればよい。

(11)作者の句、それとほぼ同じ内容の「さても義臣……草むらとなる。」という文、「国破れて……草青みたり」の詩に表現されているのは、人の営みのはかなさと、変わることのない自然の姿である。「変わることのない自然に対し、人間の営みのはかないこと。」など、変わらない自然（自然の悠久さ）と、人間の（営みの）はかなさと同意の言葉がなければ不正解。

読解テクニック

1 (3) **一文を二文に分ける場合は、助詞を補って文意を明確にする。**

まず、省略されている助詞を補って文意をはっきりさせる。すると、重複している言葉がわかってくる。その言葉に○などの印を付けておくと、二文に分けて書き直しやすくなる。

誰かの代わりに

p.66

ぴたトレ1

1 ①あや

2 ①ウ ②カ ③ア ④イ ⑤エ ⑥キ ⑦ク ⑧ケ ⑨オ

3 ①自分 ②受け身 ③理由

4 ア

p.67

ぴたトレ2

1

(1)①成し遂げ／価値／存在価値／測る ②イ

(2)例 自分が代わりのきかない存在であることを、自分で証明しなければならない状況。

p.68～69

ぴたトレ3

1
(1)①支え合い
②イ・エ（順不同）
(2)協同の感覚
(3)例苦労や困難を免除されるということ。
(4)例苦労を苦労としてそのまま引き受けること。
(5)例他の人たちと関わり合うこと。
(6)例「誰かの代わりに」という思いをもち、自分の存在する意味を感じながら生きること。

2
①封建　②遂　③肯定　④危

考え方

1
(1)①——線①と同じ文で、「『インターディペンデンス』（支え合い）として捉える必要」があると述べている。四字という字数制限があるので、「支え合い」を抜き出せばよい。
②「それが、『自立』の本当の意味」とあるので、「それ」が指し示す内容、「いざ病気や事故や災害などによって……用意ができているということ」を捉える。また、次の文に「困難を一人で……と言い換えることもできる」とあるので、それが二つ目の理由となる。
(2)「責任」の直接的な意味は、「『助けて』という……用意がある」ということ。筆者はそれを、「訴えや呼びかけに……、協同の感覚であるはずのもの」と述べている。
(3)まず、直前の「そのこと」の指し示す内容を捉える。「そのこと」は、直接的には、「誰か他の人に、……お任せするということ」だが、これは「免除されるということ」とはどういうことかを説明したものである。よって、根本的な原因「免除されるということ」に、免除されるもの（「それらを避けたい、免除されたい」の「それら」の指すもの）を加えて答えればよい。
(4)直前の「……こそ」に着目する。前の段落にもあるように、苦労や困難を免除された生き方では、人は無力な存在になってしまう。だからこそ、苦労を苦労として引き受け、人として生きることの意味を捉えることが大切なのである。
(5)設問の「浮かび上がってくる」をキーワードに探せばよい。筆者は人と関わり合うことで、自分の存在価値に気づくことができると考えているのである。
(6)最後の段落にまとめられている。「誰かの代わりに」という思い（＝他の人たちと関わり合い、弱さを補い合うこと）で、自分の存在する意味を感じながら生きることが大切だと述べているのである。別解としては、「自分が存在することの意味を他の人たちとの関わり合いによって感じ、『誰かの代わりに』という思いを常にもち続けること。」など、「誰かの代わりに」と同じような意味で、「自分の存在する意味を感じて生きること」を押さえていれば正解とする。

読解テクニック

1
(6)筆者の考えは最後の段落に着目！
筆者の主張や考えは、最後の段落に強調して書かれていることが多い。まず、その部分を見つけて□で囲み、強調されていることと、重要な言葉に——を引くなどしてまとめるとよい。

漢字3　漢字のまとめ

p.70～71

ぴたトレ3

1 ①てへん　②つちへん　③あなかんむり
2 ①Aこ　Bおう　②Aせ　Bはい
3 ①Aへた　Bしもて　②Aだいにんき　Bおとなげ
4 ①い　②おく　③かい　④かん
5 ①イ・ク　②ウ・カ　③エ・ケ　④ア・コ　⑤オ・キ
（①～⑤とも順不同）

6 ①こういってん／イ ②はてんこう／エ ③おんこうとくじつ／ア ④こふくげきじょう／ウ

7 ①梗概 ②搾る ③顧みる ④修行

8 ①慰める ②貪る ③賄う

9 ①センサク ②もフク ③ゾウゲ ④はしげた ⑤チョウじり
A⑤ B②

10 ①エ ②ア ③イ ④ウ

考え方

1 ①②は「へん」、③は「かんむり」。他に「つくり」「あし」「にょう」「かまえ」「たれ」があるのを思い出そう。

3 ①Aは熟字訓。Bは「したて」と読まないように注意しよう。②B「大人」は熟字訓。

6 ④「鼓腹撃壌」は、人民が腹いっぱい食べて腹つづみを打ち、地面をたたいて調子を取りながら歌を歌う意味からできた言葉。

7 ①「梗概」は「あらまし、あらすじ」の意味。②「絞る」は「ねじって水分を取る」意味。例タオルを絞る。「搾る」は「押してしめつけ水分を取る」意味。例乳を搾る。③「顧みる」は「後方や背後を振り返る。過去を回顧する」意味。「省みる」は「反省する」意味。④「修行」は「仏道や武道を修めること」。「修業」は「学芸や技術を習い修めること」の意味。

9 重箱読みは、上の漢字を音で、下の漢字を訓で読むこと、湯桶《ゆとう》読みは、上の漢字を訓で、下の漢字を音で読むこと。

文法への扉２ 「ない」の違いがわからない？

p.72

ぴたトレ1

1 ①ざんてい ②せいふく ③たんれん ④ざぜん ⑤かばしら ⑥しゅいろ ⑦しぶがき ⑧かわらばん ⑨せきひ ⑩たてつぼ ⑪ほうがく ⑫そぞう ⑬しっつい ⑭だらく ⑮かきね ⑯ぼうおん ⑰たいよ ⑱はなその ⑲こんじゃく ⑳しんせん

2 ①ウ ②イ ③ア

p.73

ぴたトレ2

1 役員の名簿を出しておく。

2 ①エ ②イ ③ウ ④ア

3 ①ア・イ・ウ・カ・キ・ケ（順不同） ②イ・エ・ケ・コ・サ（順不同）

4 ①イ・ケ（順不同） ②ア・ウ・カ・キ（順不同）

5 ①下一段活用 ②サ行変格活用（サ変） ③上一段活用 ④五段活用

6 ①雨が降りそうだから、家に帰ろう。 ②二度とうそはつくまいと思った。 ③道を聞かれたが、誰も知らなかった。

考え方

1 文節に分ける場合は、「ね」や「さ」を入れてみればよい。単語に分ける場合は、それぞれの言葉の働きを考えること。

3 それぞれの単語の品詞は、ア感動詞、イ形容詞、ウ名詞、エ助動詞、オ助詞、カ副詞、キ名詞、ク助詞、ケ動詞、コ助動詞、サ助動詞である。
①自立語とは、単独で文節を作ることができる語で、助詞・助動詞以外の単語のこと。
②活用する単語とは、後に続く単語によって、単語の形が変化する語で、動詞・形容詞・形容動詞・助動詞のこと。

4 ①活用する自立語とは、動詞・形容詞・形容動詞のこと。
②活用しない自立語とは、名詞・副詞・連体詞・接続詞・感動詞のこと。

5 それぞれの動詞に「ない」を付けて、直前がア段になれば五段活用、イ段になれば上一段活用、エ段になれば下一段活用である。また、カ行変格活用は「来る」の一語、サ行変格活用は、「する」と「○○する」の形の動詞である。

6 まず付属語を見つけて、それが活用するかしないかで見分ける。

ぴたトレ3①

1 ①朝|の|新鮮な|空気|を|吸う。
②山|の|景色|は|とても|きれいだ。
③祖父|は|毎朝|公園|を|散歩する。
④今日|は|釣り|に|行く|予定|だ。

2 ①エ ②ウ ③イ ④ア ⑤エ ⑥ウ ⑦ア ⑧イ ⑨エ ⑩ウ

3 ①Aア・イ・エ・カ・ク　Bウ・オ・キ・ケ・コ
Cカ・キ・ケ・コ　Dア・イ・ウ・エ・オ・ク
（A～Dとも順不同）
②Aア・イ・エ・カ・ケ　Bウ・オ・キ・ク・コ
Cエ・カ　Dコ（A～Dとも順不同）

4 ①カ ②ウ ③キ ④ア ⑤オ ⑥イ ⑦ク ⑧エ

5 ①Aイ Bア ②Aア Bイ ③Aイ Bア ④Aア Bイ
⑤Aイ Bア ⑥Aイ Bア ⑦Aイ Bア ⑧Aイ Bア

考え方

1 ①「新鮮な」は、形容動詞「新鮮だ」の連体形。
③「散歩する」は一語のサ変動詞。
④「予定だ」は、名詞「予定」＋断定の助動詞「だ」。形容動詞ではない。

2 ①主な意味を表す「ついて」に、それを補う「いる」が付いている補助の関係。「いる」を補助（形式）動詞という。⑤の「あげる」、⑨の「みた」も同様である。

3 自立語には、動詞・形容詞・形容動詞・名詞・副詞・連体詞・接続詞・感動詞があり、付属語には、助詞、助動詞がある。また、活用する単語には、動詞・形容詞・形容動詞・助動詞がある。
①アは感動詞、イは名詞、ウは助詞、エは名詞、オは助詞、カは動詞、キは助動詞、クは名詞、ケは助動詞、コは助動詞。
②アは感動詞、イは名詞、ウは助詞、エは動詞、オは助詞、カは（補助）動詞、キは助詞、クは助詞、ケは名詞、コは助動詞。

4 ①は形容詞、②は感動詞、③は副詞、④は名詞、⑤は形容動詞、⑥は接続詞、⑦は連体詞、⑧は動詞である。

5 ①形容詞の連体形は「―い」の形である。
③「ない」の代わりに「ぬ」を入れて文意が通れば助動詞である。

ぴたトレ3②

1 ①ア ②エ ③イ ④オ ⑤ウ ⑥オ ⑦ウ

2 ①ア ②オ ③カ ④エ ⑤オ ⑥イ ⑦ウ

3 ①A○ Bア ②A△ Bオ ③A○ Bイ ④A△ Bア
⑤A○ Bエ ⑥A△ Bイ ⑦A△ Bエ ⑧A△ Bア
⑨A○ Bオ ⑩A○ Bイ ⑪A○ Bウ

4 ①天気予報では、雨の日が続くらしい。
②朝早かったので、今日はもう寝よう。
③友達は、来週から四国に行くそうだ。

5 ①イ ②イ ③ウ ④イ

6 ①ウ ②イ ③ウ

考え方

1 それぞれの動詞に「ない」を付けて、直前がア段・イ段・エ段のいずれになるか確かめる。また、カ行変格活用は「来る」の一語、サ行変格活用は、「する」と「○○する」の形の動詞である。

5 ①動作を受ける相手を表す格助詞。アは到着点を表す格助詞、ウは変化の結果を表す格助詞。
②程度の限界を表す副助詞。アは極端な例を挙げて、他を暗示する意を表す副助詞。ウは時間の範囲を表す格助詞。
③原因・理由を表す接続助詞。アは起点を表す格助詞、イは原料や構成要素を表す副助詞。
④禁止を表す終助詞。アは軽い命令を表す終助詞、ウは軽い詠嘆を表す終助詞。

6 ①受け身を表す助動詞。アは可能を表す助動詞、イは尊敬を表す助動詞。
②伝聞を表す助動詞。ア・ウは様態を表す助動詞。
③存続を表す助動詞。アは「去年」とあるので過去の助動詞、イは書くという行為が終わっているので完了の助動詞。

エルサルバドルの少女 ヘスース

p.78

ぴたトレ1

1 ①ぜせい ②せいさん ③いっちょうら ④や ⑤ほんろう
2 ①カ ②エ ③ア ④イ ⑤ケ ⑥ク ⑦オ ⑧キ ⑨ウ
3 ①エルサルバドル ②六十
4 ①ヘスース ②二十
5 翻弄／懸命／幸せ

p.79

ぴたトレ2

1 (1)厳しい内戦～思ったから
(2)簡素なバラ～んでいた。
(3)例どの人も優しく応じてくれた。
(4)ヘスース

p.80~81

ぴたトレ3

1 (1)イ
(2)ひまわりのような笑顔
(3)イ
(4)例週一回、夜の学校に行けるようになったから。
(5)例学校を辞め、妹や弟の世話に追われながら、家族の生活を助けるために働いていた。
(6)例故郷の家が壊れたままで農業を再開する資金もなく、通常の生活に戻ることは不可能だったから。

2 ①是正 ②挨拶 ③丁寧 ④翻弄

考え方

1 (1)直後に、「しかし、会えなかった人が何人もいた。」とあることから、筆者は、今回の訪問でその人たちに会おうと思っていたことがわかる。では、会おうと思っていた人は誰かというと、「前回撮った写真を手に」訪れていることから、前回写真に撮らせてもらった人であろう。これらのことから、筆者は「前回撮った写真」を手立てに、その人との再会を果たそうとしていたと考えられる。
(2)たとえ（比喩）には直喩（「まるで……」「……ようだ」「……みたいだ」などを使ってたとえる方法）と、隠喩（「まるで……」「……ようだ」などを使わないでたとえる方法）がある。比喩を用いた表現を探すときは、見つけやすい直喩から探していくとよい。この場合は、前の文に「ひまわりのような」と、「……ような（だ）」を使った直喩が用いられている。
(3)直後の文の理由を表す「から」に着目する。食料や薬が不足した劣悪な生活の中で避難民が死んでいくという厳しい現実や、戦場の凄惨な現状を撮ってきたことで、筆者の気持ちはすさんでいた。しかし、ヘスースのひまわりのような笑顔《えがお》によって、それが和らいでいくように思い、彼女を撮るようになったのである。
(4)すぐ後に「理由を聞くと」とあり、その理由をヘスース自身が「週一回、夜の学校に行けるようになったの。」とうれしそうに答えている。クリスマスと年始を挟んだにぎやかな時期に、特別なお祝い事もなさそうなヘスースが笑顔を浮かべていることから、学校に行くことをどれだけ楽しみにしていたかを読み取る。
(5)三回目の訪問のときには、「週一回、夜の学校に行けるようになったの。」と笑顔を浮かべていたヘスースだったが、今回訪問したときには、楽しみにしていた学校を辞めていた。それは、生まれた妹や弟の世話と、通学に必要なお金の工面が難しくなったからだが、家族の生活を助けるためにトルティーヤ屋で働くなど、十五歳になったヘスースに、大人としての自覚が芽生え、家族のために頑張ろうとする姿が読み取れる。

(6)――線⑥を含む文の前の部分から、ヘスースの家族にとって、戦争はまだ終わっていないと言える理由をまとめる。別解としては、「故郷に帰りたくても家は壊れたままで、農業を再開する資金もなく、キャンプでの生活を続けるしかなかったから。」など、「故郷の家が壊れたまま」「農業を再開する資金もない」という二つの内容を押さえていれば正解とする。

読解テクニック

1 (6)**「なぜ」と理由を問われたら、「〜から。」と答える！**

「なぜ……か。」「理由は……か。」と問われたら、文末は「〜から。」「〜ため。」と理由を表す言葉を用いて答えること。文末の答え方を間違えると、減点や誤答になる可能性もあるので注意が必要である。

紛争地の看護師

ぴたトレ1

p.82

1 ①ざんこく

2 ①ク ②オ ③エ ④ア ⑤カ ⑥キ ⑦イ ⑧ウ ⑨ケ

3 ①国境なき医師団 ②承諾 ③国境 ④見過ごすこと

ぴたトレ2

p.83

1 (1)医師／看護師／病院 (2)イ (3)医療に国境はない

温かいスープ

ぴたトレ1

p.84

1 ①オ ②ケ ③イ ④ア ⑤ウ ⑥エ ⑦ク ⑧カ ⑨キ

2 ①オムレツ／パン ②フランス／人類

3 ア

ぴたトレ2

p.85

1 (1)イ (2)例この若い外国生まれの学者は、月末になると苦労しているのではないかということ。 (3)イ

ぴたトレ3

p.86〜87

1 (1)ア (2)底冷え／温かそう／オムレツ (3)ありがたかった (4)イ (5)無償の愛／求めるところのない隣人愛としての人類愛 (6)例無償の愛や、求めるところのない隣人愛としての人類愛が、日常の生活の中で、実行されているかどうかということ。

2 ①酷評 ②嫌 ③謙虚 ④雰囲気

考え方

1 (1)筆者は二人分のパン代を払おうとしたが、娘さんは他の客にわからないように一人分しか受け取らなかった。この時点で、筆者は娘さんの厚意、気遣いに気づき、「心の温まる思い」で礼を言ったのである。そのときの筆者の心情を考えればよい。

(2)雹《ひょう》が降った底冷えのする夜であることを押さえる。店にいた二組の客は、温かそうな肉料理を食べているのに、筆者は「貧しい夜」のいつものオムレツしか注文できないのである。

(3)お店の人たちの筆者への優しさ、思いやりのこもった「オニオングラタンのスープ」が「目の前に」置かれたときの筆者の様子を読み取る。「寒くてひもじかった私に、それはどんなにありがたかったことか」と書かれている。ここから指定字数に合わせて抜き出せばよい。

(4)お店の「お母さん」は「お客様の注文を取り違えて、余ってしまいました。」と言っている。しかし、そのとき、「店には二組の客があった」だけなので、「お客様の注文を取り違え」るようなことはないと、「私にはよくわか」ったのだ。

(5)――線⑤の直後の文に、「その典型になるのが」とあり、以下に二つ書かれている。それは、パリの生活の中で、月末になるとオムレツしか注文できなかった筆者に、パンやオニオングラタンのスープを出してくれたあの人たちの「無償の愛」であり、「求めるところのない」（＝代償を求めない）「隣人愛としての人類愛」である。筆者は、外国語の能力や学芸の才気や事業のスケールの大きさが国際性ではなく、この二つが国際性の基本（基調）であるといっている。

(6)国際性、国際性と言われるが、国際性の基本は、「相手の立場を思いやる優しさ」「お互いが人類の仲間であるという自覚」、言い換えれば、「無償の愛」であり、「求めるところのない隣人愛としての人類愛」なのである。そしてそれは特別な場所や場合でなく、平凡な日常の生活の中で実行すべきことなのだ。つまり、それが「試されている」とは、日常生活の中で、「相手の立場を思いやる優しさ」をもっているか、「お互いが人類の仲間であると自覚しているか」ということであり、「無償の愛」「求めるところのない隣人愛としての人類愛」を実行しているかどうか、ということなのである。別解としては、「無償の愛や、求めるところのない隣人愛としての人類愛という国際性の基調が、日常の中で、実行されているかどうかということ。」など、同様の内容であれば正解。

わたしを束ねないで

p.88

ぴたトレ1

1 ①ウ ②オ ③カ ④イ ⑤ア ⑥エ

2 ①口語自由詩 ②叙情詩

3 束縛／のびやか／自分らしく

p.89

ぴたトレ2

1 (1)隠喩・体言止め（順不同）
(2)ア
(3)ぬるい酒
(4)ア
(5)イ
(6)イ

考え方

1 (1)「稲穂」と体言（名詞）で結んで、「…のように」などが使われていないので隠喩である。第一連では、「あらせいとうの花」や「白い葱《ねぎ》」のように、十把一《じっぱひと》からげにされる個性のないものを拒み、大地の豊かな実りのような情熱的な個性を望んでいるのである。

(2)「標本箱の昆虫」は留め針で止められ、「高原からきた絵葉書《えはがき》」はその描かれた（撮られた）風景の美しさゆえに、壁に飾られたり額に入れられたりする。しかし、作者は止められることを拒み、思いのままに自由に生きることを望んでいるのである。

(3)次の行に、同じく直喩を使って表現されている。「日常性に薄められた牛乳」とともに、本来はこくのある味わいをもったものなのに、その味わいがなくなったものの比喩となっている。この連では、味気なく広がりもないものを拒み、生命の源であり、大いなるものであることを望んでいる。

(4)第五連の前半で、作者はいろいろな区切るものを挙げて、「区切らないで」と言っている。では、何を「区切らないで」ほしいのかと考えると、後半の「終《お》わりのない文章」「川と同じに／……一行の詩」から、限りのない自分の能力、可能性だと捉えられる。
(5)各連の構成は統一されている。前半（一行目から四行目の「……ください」まで）は、「……ないで」「……ないでください」と、拒否する生き方を比喩を用いながら述べ、後半（四行目「わたしは……」から終わりまで）は、希望する生き方がここも比喩を用いながら述べられている。
(6)題名から、「わたし」（＝作者）は束縛されることを拒否していることがわかる。そして自己のイメージ「稲穂」「羽撃《はばた》き」「海」「風」「終りのない文章」などから、力強くのびやかに自分らしく生きたいという思いが読み取れる。

文法　一、二年生の復習

p.90～91

ぴたトレ3

1 ①父は｜明日から｜海外出張だ。 ②弟が｜迷子に｜なって｜しまった。
2 ①僕｜の｜趣味｜は｜音楽鑑賞｜だ。 ②庭｜に｜大き｜な｜池｜が｜ある｜家。 ③一度｜は｜海外｜に｜行き｜たい。
3 ①カ ②イ ③オ ④コ ⑤ケ ⑥ア ⑦ク ⑧エ ⑨キ ⑩ウ
4 ①エ ②ウ ③ア ④イ
5 ①前に ②雨だろう ③人たちは ④浮かんだ ⑤雨が
6 ①今日・疲れ・早く・ベッド・入り（順不同） ②疲れ・早く・入り（順不同） ③は・た・ので・に・たい（順不同） ④た・たい（順不同）
7 ①ウ ②ケ ③エ ④コ ⑤キ ⑥ア ⑦イ ⑧オ ⑨ク ⑩カ
8 ①ア ②ア ③イ ④イ

考え方
1 文節に区切る場合は、「ね」「さ」などを入れてみるとよい。
6 ①②自立語には、名詞・副詞・連体詞・接続詞・感動詞・動詞・形容詞・形容動詞があり、その中で、活用するのは、動詞・形容詞・形容動詞である。
③④付属語には、助詞と助動詞があり、活用するのは助動詞である。
8 ①アは、「再び」という意味で、「会える」という動詞を修飾する副詞、イは、列挙する意を表す接続詞である。
②アが連体詞で、イは形容詞。形容詞の連体形は「―い」の形になる。
③アは動詞で、イが名詞。
④アは名詞で、イが感動詞。

高瀬舟《たかせぶね》

p.92～93

ぴたトレ3①

1 (1)ウ
(2)へさきに割かれる水のささやきを聞くのみ
(3)例喜助の顔が、いかにも楽しそうだったから。（二十字）
(4)遊山船にでも乗ったような顔
(5)例弟を殺したのなら、弟が悪いやつだとしてもいい心持ちはしないはずなのに、喜助は楽しそうにしているから。
(6)例喜助の態度を考えれば考えるほどわからなくなり、困惑する気持ち。
2 ①悲惨 ②境遇 ③冷淡 ④気遣

考え方
1 (1)直後に、「そして舟に乗ってからも」とあるので、舟に乗り込むまでの喜助《きすけ》の様子を不思議に思っていたことがわかる。舟に乗り込む前の様子は、直前の段落に書かれている。罪人には「温順をよそおって権勢にこびる態度」の人が往々にいるのだが、喜助は「いかにも神妙《しんみょう》に、いかにもおとなしく」、庄兵衛《しょうべえ》を「公儀の役人として敬って、何事につけても逆らわぬようにしている」のである。庄兵衛にはそれが「不思議」だったのだ。
(2)直後に書かれている。辺りが静かであるからこそ、舟が進むときにへさき（＝舟の先端部）に割かれる水のささやき（＝水の音の比喩）が聞こえるのである。また、聞こえるのはその音のみだということで、その他には何も聞こえない、ひっそりと静まりかえっている様子を表現している。
(3)直後の文に、「それは……からである。」とあり、その理由を述べている。庄兵衛のこれまでの経験では、高瀬舟に乗せていく罪人は、ほとんど同じように目も当てられぬような気の毒な様子をしていた。ところが喜助は、いかにも楽しそうにしているのである。庄兵衛には、それが不思議でならなかったのである。
(4)「顔」をキーワードに探せばよい。「遊山《ゆさん》」とは、野や山に遊びに行くこと、または遠くへ遊びに行くことをいう。喜助はそういう船に乗っているような、楽しそうな顔をしていたのである。
(5)直前の文に書かれている。喜助は弟殺しの罪を犯して護送されているのだが、たとえ弟が悪いやつで、どんな行きがかりがあったとしても、弟は弟である。その手で殺したのならば、人の情としては、いい気持ちはしないはずである。それなのに、喜助は「遊山船にでも乗ったような顔」をして、少しも悔いている様子が見えない。だから庄兵衛は、人の情が全く欠けている、世にもまれな悪人ではないかと疑ったのである。
(6)(5)で見たように、庄兵衛は、喜助が人の情が全く欠けている、世にもまれな悪人かと疑ったが、直後にその疑いを否定している。また、その後に、「気でも狂っているのでは」とも疑っているが、これも即座に否定している。つまり、世にもまれな悪人でもなく、狂人でもない男が、弟を殺したというのに楽しそうにしている理由が「考えれば考えるほどわからなくな」り、困惑する気持ちであったと考えられる。別解としては、「喜助の態度が全く理解できず、戸惑う気持ち。」など、「喜助の態度の理由がわからない」「困惑する気持ち」と同じような内容が書かれていれば正解。

読解テクニック

1 (3)「～字以内」での答えは、指定字数に近い字数で答える。
「～字以内」だからといって、字数が少なすぎると減点や誤答となる。指定字数のマイナス二、三字を限度として答える。

p.94～95

ぴたトレ3②

1 (1)給料／扶持米／右から左／人手／差／暮らし
(2)例仕事を見つけさえすれば骨を惜しまずに働いて、口を糊することのできるだけで満足していること。
(3)①イ
②例喜助は足ることを知っているが、自分は知らないから。
(4)例人の欲望には際限がないこと。
(5)例驚きと敬いの気持ち。

2 ①痩　②慈悲　③倹約　④締

考え方

1 (1)直後の文から、「自分も上から……すぎぬではないか。」の文までを読んで抜き出す。喜助は、「仕事をして給料を取っても、……人手に渡してなくしてしまう」のであり、一方、庄兵衛も、「上からもらう扶持米《ふちまい》を、……人手に渡して暮らしている」のである。つまり、暮らしぶりについては差がない、同じようなものなのである。違いがあるとすれば、「そろばんの桁《けた》」が違う（＝庄兵衛の扶持米の方が桁が大きい）こと、喜助にはお上から遣わされた二百文が貯蓄としてあり、庄兵衛にはないことである。
(2)次の段落に書かれている。仕事を見つけるのにも苦しむ喜助だが、いったん仕事を見つけると骨を惜しまず働き、口に糊《のり》する（＝やっと生活する）ことだけで満足したのである。もっと稼ぎたい、もっと楽をしたい、もっと蓄えがほしいなどとは思わず、生活できることだけで満足する、そんな喜助《きすけ》を、「欲のないこと、足ることを知っている」と庄兵衛《しょうべえ》は思ったのである。

(3)①「懸隔」とは「かけ離れていること」の意。――線③に続く三文を見ていくと、庄兵衛も喜助同様手いっぱいの生活をしているのだが、そこに満足を覚えたことがないとある。ところが、喜助はその生活にも満足しているのである。同じような生活をしているのに、喜助は満足し、庄兵衛は満足していない。そのことに気づき、「大いなる懸隔のあることを知った」のである。

②①を参考に考える。喜助はやっとの生活に満足している(=足ることを知っている)が、庄兵衛は、手いっぱいの生活に満足を覚えていない(=足ることを知らない)のである。このことによって、「大いなる懸隔」が生じていると考えたのである。

(4)病があると、病がなかったらと思い、病がなくても食がなければ、食ってゆけたらと思い、食ってゆけても蓄えがなければ、蓄えがあればと思い、蓄えがあっても、もっと多ければと思う。一つが満たされても、また別の欲が出てくるように、人の欲望はとどまることを知らず、際限がないものだということを言っている。

(5)人は欲望に対して、どこまで行って踏み止まることができる(=足ることを知る)のかわからない。しかし、庄兵衛は、喜助が欲望に対して踏み止まっている(=足ることを知っている)ことに気がついたのである。答えは、次の段落の、「驚異の目をみはって」と、「喜助の頭から毫光《ごうこう》が差すように思った。」から読み取る。「驚異の目をみはっ」たのは、喜助が欲望に対して踏み止まっている(=足ることを知っている)ことへの驚きであり、「毫光が差すように」思ったのは、人ができるかわからないこと(=足ることを知ること)を、喜助がやってみせていることに敬意を感じたからである。別解としては、「驚嘆と尊敬の気持ち。」など、「驚き」「尊敬」などと同様の言葉を用いていれば正解。

二つの悲しみ

p.96~97

ぴたトレ3①

1

(1)例第二次大戦が終わり、多くの日本の兵士が帰国してきた、ある暑い日の出来事。

(2)例毎日訪ねてくる留守家族の人々に、あなたの家族は死んだと伝えること。

(3)例敗戦後の日本は、食べ物も着る物も不足していたから。

(4)例死んだという言葉は、言うことも、そばで聞くことも、自分自身の内部に恐怖が走るものだから。

(5)ウ

(6)例息子の戦死を知った悲しみを、たくさんの涙を流しながらこらえている様子。

2

①昼 ②涙 ③封筒 ④奪

考え方

1

(1)最初の一文に書かれている。「いつ」がわかる言葉をまとめて答えること。

(2)「私」たちの仕事は、「毎日毎日訪ねてくる留守家族の人々に、……死んだと伝える」ことである。生きていてほしいと願う留守家族の人々に戦死という残酷なことを伝えなければならないことが苦しいのである。答えの「家族」は、「大事な人」「肉親」でも正解とする。

(3)この作品が「第二次大戦が終わり、多くの日本の兵士が帰国してくる」「ある暑い日の出来事」であることから、敗戦後間もないことがわかる。戦時中もそうだったが、敗戦直後も食べ物や着る物が不足していた事実を押さえて答える。同様の答えであれば正解。

(4)次の文に書かれている。「死んだ」という言葉は、言うことも聞くことも、自身の内部に恐怖が走るのである。筆者はまた、そのことを「意識以外の生理現象」だと言っている。

(5)隣の友人は紳士に息子《むすこ》さんの戦死を伝えたのだ。そのことが苦しくてやりきれない気持ちになって、「パタンと帳簿を閉じ、頭を抱えた」のである。

(6)息子の戦死を知った紳士の様子を読み取る。「白いパナマの帽子を顔に当てて」「肩が、ぶるぶる震え」「足元に、したたり落ちた水滴のたまり」などから、紳士が水滴のたまりができるほど涙をこぼし、肩を震わせて悲しみをこらえている様子を読み取る。別解としては、「肩を震わせ、たくさんの涙を流しながら、息子が戦死した苦しみをこらえようとしている様子。」など、同様の内容であれば正解とする。

読解テクニック

1 (4) **理由になりそうな部分に印を付けて、まとめてみる！**
「どうして」「なぜ」など、理由を答える問題では、文章中の理由になりそうな部分に――などの印を付けておく。その部分を「～から。」で結ぶようにまとめてみて、理由として成立するかどうかを確かめる。

p.98～99

ぴたトレ3②

1
(1)例お父さんが戦死しているかどうかを知るためと、戦死していたら、戦死した所と戦死した状況を紙に書いてもらうため。
(2)例少女が状況という言葉の意味をわからないほど幼いことを示すため。
(3)下唇を血が～していた。
(4)ア
(5)ウ
(6)例家族の戦死という悲しみと、その状況に耐え続けるしかない悲しみを与えた戦争への、人々の心の中の叫び。

2
①息子　②紳士　③派遣　④帳簿

考え方

1
(1)少女が筆者に言った言葉、「あたし、おじいちゃまから……書いてもらっておいで、と言われたの。」から読み取る。少女はお父さんが戦死したのかどうか、戦死していた場合はその場所と状況を書いてもらうために来たのである。
(2)「じょうきょう、じょうきょうですね」と平仮名で書かれていること、それも確認するように繰り返していることから、少女が「状況」という言葉の意味を理解できないほど幼いことを示している。
(3)少女は「うなだれ」はしたが、涙も落とさず、声も上げなかった。しかし、少女がお父さんの戦死に強い衝撃を受けていたことは、次の文の「下唇を血が出るように……肩で息をしていた。」という、少女の様子から読み取れる。
(4)――線④の筆者の問いかけに、少女は「自分に言い聞かせるように、こっくりと、私にうなずいてみせた」のである。ここの「自分に言い聞かせるように」という部分から、精いっぱい頑張ってやり遂げようとしている少女のけなげな姿が読み取れる。
(5)少女のお母さんは既に死んでいて、少女は二人の妹のために「しっかりしなくては、ならない」「泣いてはいけない」と言い聞かせられている。その少女の悲しみを表せない状況が胸に迫ってきて、少女の言葉が頭の中を「何度も何度もぐるぐる回っていた」のである。
(6)筆者は、家族の戦死という人々の悲しみと、その悲しみを表に出せない悲しみに思いをはせ、その悲しみを与えた戦争に対するやりきれない怒りの声を、「声なき声」と表している。別解としては「家族が戦死した悲しみと、その悲しみを表せない悲しみを与えた戦争に対する、心の中にある憤りの声。」など、同様の内容であれば正解とする。

p.100～101

アラスカとの出会い

ぴたトレ3①

1

(1)さらに遠いアラスカ

(2)例アラスカに関すること。

(3)イ

(4)①北極圏の～った写真
②灰色のベー

(5)例なぜ、こんな地の果てのような場所に人が暮らさなければならないのかということ。
例いったいどんな人々が、何を考えて生きているのかということ。

(6)例見知らぬ人々が「僕」の知らない人生を送っている不思議さや、同じ時代を生きながら、その人々と決して出会えない悲しさに、胸が締めつけられるような思い。

2

①権威　②駆　③鐘　④強烈

考え方

1 (1)二文後に、「北方への憧れは、いつしかさらに遠いアラスカへと移っていった。」とある。

(2)筆者の憧れはアラスカに移ったのだが、当時は「アラスカに関する本など日本では皆無だった」ので、アラスカについて「何の手がかりもな」かったのだ。

(3)「まるで僕がやって来るのを待っていたかのように」という表現に着目する。「僕」は「一冊のアラスカの写真集」との出会いを偶然ではなく、むしろ必然だったと感じているのである。

(4)①「写真」という言葉と、字数制限に着目して探せばよい。一文後に、「それは、北極圏のあるイヌイットの……写真だった。」とある。
②次の段落の初めに、その写真の内容が具体的に書かれている。

(5)筆者が「その村が気にかかり始めていった」内容が、直後の段落に具体的に書かれている。「なぜ」「いったい」と疑問に思ったことをまとめればよい。

(6)「それに似ていた」の「それ」が指し示しているのは、「胸が締めつけられるような思い」である。そして、何によって「胸が締めつけられる」のかを見ていくと、「見知らぬ人々が、……不思議さ」「同じ時代を生きながら、……悲しさ」だとわかる。それらをまとめて答える。この三点を押さえていなければ不正解。

---

p.102～103

ぴたトレ3②

1

(1)イ

(2)人の暮らしの多様性

(3)例アラスカに家を建てて、根を下ろそうとしている。

(4)例アラスカの写真集を手にしていなくても、アラスカに来たということ。

(5)イ

(6)例（筆者に）生きる道を示してくれた写真。

2

①影響　②棚　③荒涼　④拙

考え方

1 (1)飛行機から見たアラスカの風景に、「本で見続けた写真と現実がオーバーラップし」、その感動で「どうしていいかわからない思い」になったのである。

(2)シシュマレフ村に滞在した三か月の間に、筆者はいろいろな体験をしている。そして、「この旅を通し、僕は、人の暮らしの多様性にひかれていった」のである。

(3)次の段落の最後の文に、筆者がしようとしていることが書かれている。筆者は、アラスカの魅力のとりこになり、ここでずっと暮らしていこうと思うほどになったのである。

(4)筆者は、「あのとき、神田《かんだ》の古本屋で、……僕はアラスカに来なかっただろうか。」ということについて、「いや、そんなことはない。」と強く打ち消していることから考える。アラスカに来るのは必然だったと思っているのである。
(5)直前に「もし人生を、あのとき、あのとき……」とある。そのときどきに違う選択をしていたら、違う自分がいるに違いない。そのような別の自分の姿を見るように、ということである。
(6)「その写真」とは、シシュマレフ村に行くきっかけとなった写真である。その写真を見た後、筆者が写真という仕事を選んだことからまとめよう。別解としては、「自分の人生の進む道を示してくれた写真。」など、同様の内容であれば正解。

読書記録をつける

p.104

ぴたトレ3

1
(1)ア
(2)イ
(3)例 読んだ本を自分がどう思ったかということと、大切な行。
(4)例 読んだ本の内容を、しっかり記憶にとどめたいと思っているから。

考え方

1 (1)筆者が「お母さん」に「公民館の本を全部読んだ」ことを、わざわざ伝えたことから、筆者が「お母さん」に自慢したかったのだろうと推測できる。
(2)「お母さん」は、「本を全部読んだ」と自慢げに言う筆者に、ただ読んだだけでは、本当の意味での「本を読んだ」ことにはならないということを諭すためにこのように促したのだと考えられる。
(3)筆者は「お母さん」に「忘れるために読むのかと言われた」ことが心に残ったのだ。それで「これはいけないと思って」、読んだ本の内容を忘れないようにするために、「自分がどう思ったか」ということと、「大切な行」を抜き書きしたのだ。
(4)筆者が今でも「カードをつける習慣」を続けているのは、読んだ本の内容を忘れないようにするため（＝しっかりと記憶にとどめるため）である。

定期テスト予想問題 1

p.106

(1)例 先生は死期が近いのですねということ。
(2)例 ルロイ修道士との別れを惜しむ思い。
(3)例 ルロイ修道士の身体中に巣くった腫瘍に対する怒り。
例 病身をかえりみずわたしたちに会って回っていた、ルロイ修道士に対する怒り。

考え方

(1)「ルロイ先生、死ぬのは怖くありませんか。」という質問は、この前に、ルロイ修道士に「死」を思わせる何らかの兆《きざ》しがあったことを示唆する。しかし、直接に尋ねることはできない。そこで、このような質問になったのである。答えは、「死期が迫っているのですね。」など、同様の内容であれば正解。
(2)敬愛するルロイ修道士と、もう二度と会えないかもしれないという悲痛な思いから、激しい動作になっているのである。「別れを悲しむ」など、同様の答えであれば正解。
(3)「わたし」は葬式で、「わたしたちに会って回っていた頃」のルロイ修道士の状態を聞いている。「わたし」は、ルロイ修道士の身体《からだ》中に巣くって命を奪った腫瘍に対する怒り、病身を隠し、自分の身体をかえりみずにわたしたちに会って回っていたルロイ修道士に対する怒りの気持ちを表しているのである。

定期テスト予想問題 2

p.107

(1)ア
(2)可《ベシト》二以《テ》為《ル》レ師矣。
(3)ウ

(4)楽しむ者

考え方

(1)「温めて」とは、ここでは「重ねて研究すること」の意味。

(2)「以」から「為」を隔てて「師」に、「師」からすぐ上の「為」に戻っていて、そこから「可」に返っているので、「為」には「レ点」が、「可」には「二点」が付くことがわかる。なお、「矣」はここでは訓読しない字（「置き字」という）である。

(3)「学ぶこと」と「思うこと」の一方に偏った場合の不都合（危険性）を述べることで、両方を行うことが重要であることを説いている。

(4)「如かず」は「及ばない」の意味である。「如《し》かず」の部分に「及ばない」を当てはめて読んでみるとわかりやすい。

p.108

定期テスト 予想問題 3

(1)相手の立～えること
人から伝～みる態度

(2)その人々～すること

(3)例 常識を疑うことと、自分を相手の立場に置き換えて考えてみる視点（が重要）。

考え方

(1)「必要」をキーワードに探すと、――線①の直後と、次の文に書かれていることがわかる。文末は、「～こと」「～態度」までを抜き出す。「～必要」まで入れてしまうと減点、もしくは誤答となるので注意すること。

(2)――線②の直後に書かれている。動物の「物語」の誤解を解くために、その暮らしている自然を知ることが必要であるのと「同じように」、人間の場合も、その人々が暮らしている文化や社会を理解することが必要なのである。

(3)筆者が繰り返し述べているのは、相手の立場に立って考えてみること、これまでの常識を疑ってみることである。別解としては、「これまでの常識を疑い、相手の立場に立って考えてみる視点が重要。」など、「常識を疑うこと」「相手の立場に立って考えること」を押さえていれば正解とする。

p.109

定期テスト 予想問題 4

(1)①どの子にも／涼しく風の／吹く日かな
②かな

(2)①涼し（く）
②季語

(3)詳しい説明を省略する

(4)例 一句の柱に「季語」を用い、それを五・七・五という「定型」で表現するという約束。

考え方

(1)①五音・七音・五音の定型で区切る。
②「切れ字」は、定型では言い尽くせない作者の思いを補うために工夫されたもの。「かな」の他に「や」「けり」などがよく使われる。

(2)①「涼しく風の吹く」とあるので、「涼し」を秋の季語と捉えがちだが、暑い季節だからこそ涼しく感じるのだから、「季節が夏である」とわかるのである。
②第三段落の解説の部分から読み取る。その季節らしさを表す言葉が「季語」である。俳句の知識としても覚えておこう。

(3)直前の部分の「俳句が……省略されている」と、第三段落の「詳しい説明を省略する」から読み取る。散文や報道記事のような「詳しい説明を省略しているからこそ、自由な解釈ができる。また、そこに俳句の特徴と可能性があるのである。

(4)直前の「この約束」の「この」の指し示す内容を捉える。「季語を用い、五・七・五の定型で表現するという約束。」と短くまとめても正解。

p.110

定期テスト 予想問題 5

1

(1)①ウ ②ア ③イ ④ウ ⑤ア

(2)①ア・イ・ア ②ア・ウ・ア ③イ・ア・ウ ④ア・ウ・イ・ア ⑤ア・イ・イ・ア ⑥ア・ウ・ア・ア

(3)①台所（勝手） ②メロディー ③テーマ ④話し合い ⑤旅館 ⑥復習

2

①外来語＋漢語 ②漢語＋和語 ③和語＋外来語 ④漢語＋和語 ⑤和語＋漢語

考え方

1 (1)①「たばこ」は、平仮名で書かれて日本語の中に定着しているが、ポルトガルから入ってきた外来語である。②「砂浜」は訓読みをする熟語なので和語である。

(2)①の「今日」、④の「今朝」は、熟字訓で和語である。

(3)①「台所」は「勝手」でも正解。「勝手」には「台所」の意味があり、「勝手口（台所の出入り口）」などと使う。⑤「ホテル」は外来語なので間違い。

2 ②「部屋」は熟字訓で和語。④「市場」には和語と漢語の読み方があるが、ここでは「いちば」と読むので和語。

p.111

定期テスト 予想問題 6

(1)例自分の選択した生き方。

(2)例私とルントウとの距離が全く遠くなったこと。

(3)例自分で作り、自分が勝手に信じているもの。

(4)例新しい生活を望む人が多くなれば、それは実現するということ。

考え方

(1)直後に、「ルントウとの距離は全く遠くなった」とあり、境遇の違いや身分の差に対する考え方が違ってしまったことを述べている。そこから、「自分の道」とは、自分の選択した（考えた）生き方だということがわかる。

(2)ここでの「隔絶する」とは、「私」とルントウとの境遇や身分の差による隔たりが生まれるということ。「私とルントウとの距離は全く遠くなった」とは、二人の間にある隔たりが大きくなったということである。

(3)「手製」とは、「自分自身で作ったもの」という意味。「偶像」とは、「信仰の対象となる像」（＝自分が信じている像）のこと。つまり、「手製の偶像」とは、自分で作り、自分が信じているもの、ということを意味している。

(4)最後の二文に着目する。多くの人が歩くことで「道」になるように、多くの人が「希望」をもつことで「希望」は実現する、と考えたのである。第一段落の終わりの二文に、「希望をいえば、……新しい生活をもたなくてはならない。」「私たちの……新しい生活を。」とあるので、「私」の「希望」とは「新しい生活」であることがわかる。「希望」を「新しい生活」に置き換えて、どうすれば実現するかが説明できていれば正解。

p.112

定期テスト 予想問題 7

(1)①カ ②キ ③イ ④ア ⑤オ ⑥エ ⑦ウ

(2)①ア ②ウ ③オ ④エ ⑤イ

(3)ウ

(4)①イ ②ウ ③ア

考え方

(2)①「紺屋《こうや》」は染物屋のこと。他人のために染めることが忙しくて、自分は白い袴《はかま》のままでいることからいう。④「井の中の蛙《かわず》、大海を知らず」と続く。⑤雨が降った後に、筍《たけのこ》が勢いよくあちこちに出ることからいう。

(3)「焼け石に水」は、少しぐらいの加勢や助力では全く効き目がないこと。

(4) ①「覆水《ふくすい》」とは、「こぼれてしまった水」の意味。②「他山の石」とは、「他の山から出た価値のない石」のこと。そんな石でも、自分の宝玉を磨くのに使えるということからできた語。③「楚歌《そか》」とは、楚という国の歌。楚の国の武将が敵に追いつめられたときに、周囲から楚歌が聞こえてきたことで、自分の国が降伏したと思って落胆したという故事による。

定期テスト予想問題 8

(1) ①人工知能が浸透する社会

②例 今後どのように人工知能に対応するかを考えていくこと。

(2) 例 人工知能をセカンドオピニオンとして使っていくこと。

例 人工知能が結果を出す過程を分析し、自分の思考の幅を広げていくこと。

(3) 人工知能に全て

考え方

(1) ①「社会」という言葉に着目する。筆者は「人工知能が浸透する社会」での「私たち」の取るべき態度について述べ、そして「人工知能が浸透する社会」の「到来が避けられない」と述べている。

②――線①と同じ文の最後に「現実的」という言葉がある。その部分を、何に対応するのかを明確にしてまとめて答える。

(2) ――線②の後を読み進めていくと、「……道」という表現が二つ出てくる。この「道」は「活用例」と言い換えることができるので、その直前の部分をそれぞれまとめればよい。一つは「セカンドオピニオンとして」、もう一つは「自分の思考の幅を広げ」るということを押さえて答えること。

(3)「今後どのように……ないでしょうか。」という文も重要だが、第二段落の初めに「さらにいえば」とあり、より踏み込んだ内容が述べられていることがわかる。第二段落では、人工知能を活用する例を述べ、最後の一文に「より建設的」だとまとめている。

定期テスト予想問題 9

(1) 例 たくさんの候補の中から見込みのありそうなものだけを選び出す作業の部分。

(2) ①A 例 アイデアをたくさん出すこと。

B 例 コンピュータがたくさん出したアイデアを評価して、具体的な完成品にすること。

②例 生産性を高めること。

例 新しい価値を生み出すこと。

考え方

(1)「創造性」という言葉に着目すると、同じ段落の後半に「人間のすばらしい創造性は、この評価の部分に基づいている。」とある。つまり、「この評価の部分」が答えに当たるが、設問文に「具体的に」とあるので、「評価」の内容を明確にして答える。

(2) ①次の文以降に「創造的な活動において」の例が挙げられている。その部分から、「コンピュータ」と「人間」の役割をまとめる。

②ここも同じ部分から探す。「……はずである」「……できるかもしれない」という表現に着目する。「生産性を高めること。」は、「生産性が高くなること。」でも正解とする。

定期テスト予想問題 10

(1) イ

(2) 幸くあれ

(3) 人の心／花の香（順不同）

(4) 風の音

(5) 玉の緒よ絶えなば絶えね

考え方

(2)「幸《さ》くあれて」は「幸くあれと」の東国方言で、「無事でいるようにと」という意味。「と」は引用の助詞。

(3)この歌は、人の心はわからないが、花の香は昔のままだ、という意味。つまり、変わるかもしれない「人の心」と、変わらない「花の香」を対比している。

(4)ここの「おどろく」は、「はっと気づく」意味。何によってはっと気づかされたのかを読み取る。係りの助詞もヒントになる。

(5)「私の命よ、絶えるなら絶えてしまえ」という命令調の強い言葉で表されている。

p.116

定期テスト予想問題 11

(1)経堂／光堂（順不同）

(2)金の柱霜雪に朽ちて

(3)①㊞四面を新たに囲んで、甍を覆って風雨を凌いだ。

②しばらく千歳の記念とはなれり

(4)季語…五月雨　季節…夏

(5)イ

考え方

(1)次の文にそれぞれの堂と、そこにあるものを列挙している。

(2)玉《ぎょく》の　扉　↔　風に　↔　破れ
　金《こがね》の　柱　↔　霜雪《さうせつ》に　↔　朽ちて

（玉の↔金の、扉↔柱、風に↔霜雪に、破れ↔朽ちて）

といった対句になっている。

(3)①続く文に書かれている。省略された助詞を補って答えること。

(4)「五月雨《さみだれ》」とは、陰暦五月頃に降る長雨、梅雨のこと。五月は、昔の暦では夏となる。

(5)(2)の他に、「経堂《きやうだう》は三将の像を残し／光堂《ひかりだう》は三代の棺《ひつぎ》を納め／三尊の仏を安置す」も対句表現であり、「二堂」「三将」「三代」「三尊」「七宝」など数字が多用され、「開帳す」「安置す」「霜雪」「頽廃《たいはい》空虚」といった漢語を多用した漢文調の文章となっている。

p.117

定期テスト予想問題 12

(1)受け身で無力な存在

(2)人として生きることの意味

(3)人と支え合うこと、人と応じ合うこと

(4)㊞「自分とは何か」という自分が存在することの意味への問いの答え。

考え方

(1)一文後に、「免除されるということは、……人を受け身で無力な存在にしてしまいます。」とある。

(2)次の文で、「苦労を苦労と思わなくなる」のではないと否定して、その次の文で「苦労を苦労として……埋もれていると考える」とその意味を説明している。ここから、「埋もれている」ものを抜き出せばよい。

(3)「必要」という言葉に着目すると、次の文に「人と支え合うこと、人と応じ合うことがどうしても必要になります。」とある。

(4)——線④の文の主語は「その答えは」である。したがって、「その答え」の「その」が指し示す内容を明確にして答えればよい。答えは簡潔に「『自分とは何か』という問いかけの答え。」あるいは、「自分が存在することの意味への問いの答え。」でも正解とする。

p.118

定期テスト予想問題 13

(1)㊞キャンプは「人生の宝箱」のようなものだから。

(2)㊞自分の人生をたった一つのかけがえのない大切なものとして生きてきたあかし。

(3)㊞まだ汚職があり、人々の生活はより苦しくなっている状態。

(4)イ

考え方

(1)直後の文の文末に「〜だから。」と理由を表す言葉があることに

着目し、簡潔にまとめる。
(2)「そのあかし」の「その」の指し示す内容（「ヘスースは、自分の……生きてきた。」）を押さえ、設問文に合うように、文末を「あかし。」として答えればよい。
(3)筆者の「戦争後のエルサルバドル」についての質問に、フランシスコが答えている言葉に着目する。汚職があり、人々の生活は前より苦しくなっているのだ。
(4)戦争後のエルサルバドルについての質問に、フランシスコは怒りをあらわにしているが、それでも「二度とそこ（＝戦いの場）に戻りたいと思わない」ということから、そこがどういう場所であるかを考える。

p.119

定期テスト予想問題 14

(1)例フランスを嫌いになることはないこと。
例人類に絶望することはないこと。
(2)相手の立場～という自覚
(3)例求めるところのない隣人愛としての人類愛。
(4)例国際性の基調が実行されているかということ。（二十一字）

考え方

(1)「それ」とは、寒くてひもじかった筆者の目の前に、「どっしりしたオニオングラタンのスープが置かれた」ことである。この文章では、なぜ置かれたのかは書かれていないが、「どんなにありがたかったことか」という言葉と、涙が落ちるのを「気取られぬように」にし、「一さじ一さじかむようにして味わった」筆者の行動から、それは筆者の心に響く行為だったことがわかる。その出来事ゆえに思ったことが、同じ段落の後半に書かれている。
(2)――線②の後を読んでいくと、まず「流れるような…大きさ」を否定し、次に「国際性」とはどういうものかを述べている。
(3)「これこそが」という表現に着目し、「これ」の指し示す内容を捉えればよい。
(4)「試されている」の直前にある「それ」という主語の内容を押さえる。「それ」は、「無償の愛」「隣人愛としての人類愛」＝「国際性の基調」といっている。制限字数を考えて答えを出せばよい。

p.120

定期テスト予想問題 15

(1)①例なることだ　②弟を　③例寝坊したけれど
④例介護をすることだ
(2)①ウ　②ア
(3)①ない　②だろう　③ても　④ような
(4)①サ行変格活用（サ変）　②上一段活用　③五段活用
④下一段活用
(5)①ウ　②ウ

考え方

(1)①主・述がうまく対応していない。
②「叱った」対象が「弟」なのだから、対象を表す格助詞を用いて「弟を」とするべき。
③「ので」は順接の接続詞。ここでは、前の部分から予想される事柄とは逆の展開になっているので、逆接の接続詞にするべき。「寝坊したが」「寝坊しても」などでも正解。
④主部と述部で、「仕事」という言葉が繰り返されて不自然。
(4)それぞれの動詞に「ない」を付けて、直前がア段・イ段・エ段のいずれになるか確かめる。また、カ行変格活用は「来る」の一語、サ行変格活用は、「する」と「〇〇する」の形の動詞である。
(5)①受け身を表す助動詞。アは自発を表す助動詞、イは尊敬を表す助動詞。
②存続を表す助動詞。アは「昨日」とあるので過去の助動詞、イは「送る」という行為が終わっているので完了の助動詞。

教科書ぴったりトレーニング付録

赤シート×直前対策!

ぴたトレ mini book

教科書で習った順に
覚えられる!

新出漢字チェック!

国語 3年 光村図書版 完全準拠

\ 赤シートで文字をかくせば両方に使えるよ! /

書き取り

読み取り

「ぴたトレ mini book」は取り外してお使いください。

握手

教 14～25ページ

□① 汚れた服をせんたくする。（洗濯）
□② 世界に二つとないしろもの。（代物）
□③ おだやかな表情。（穏）
□④ へいおんな日々を送る。（平穏）
□⑤ けいしゃで毎朝卵を集める。（鶏舎）
□⑥ にわとりを飼う。（鶏）
□⑦ 猫がダンボールでつめをとぐ。（爪）
□⑧ 遠くを見ようとつまさき立つ。（爪先）
□⑨ 荒地をかいこんする。（開墾）
□⑩ 工事現場のかんとくかん。（監督官）
□⑪ 大日本ていこく憲法。（帝国）
□⑫ どろまみれになる。（泥）
□⑬ ごうまんな態度を改める。（傲慢）
□⑭ 失くした鍵をさがす。（捜）
□⑮ 遭難者をそうさくする。（捜索）
□⑯ 土地をぶんかつする。（分割）
□⑰ じょうだんを言う。（冗談）
□⑱ 祖父のゆいごんを守る。（遺言）
□⑲ 申請書にせいめいを記入する。（姓名）
□⑳ ひゃくしょう一揆《いっき》が起こる。（百姓）
□㉑ 祖母のいっしゅうきを営む。（一周忌）
□㉒ 胃のしゅようを切除する。（腫瘍）
□㉓ ねんざした手首がはれる。（腫）
□㉔ 恩師のそうしきに行く。（葬式）

情報の信頼性

教 32～33ページ

□① とくめいで投書する。（匿名）

漢字1 熟語の読み方

教 38～39ページ

□① 棚をせいとんする。（整頓）
□② ここはちょうじゅう保護区だ。（鳥獣）
□③ けものみちを歩く。（獣道）
□④ 試作品をはんぷする。（頒布）
□⑤ ながそでのシャツ。（長袖）
□⑥ お城のそとぼりにすむ魚。（外堀）
□⑦ まくらもとに時計を置く。（枕元）
□⑧ ちゃがまで湯を沸かす。（茶釜）

□⑨ りょうわきに荷物を抱える。（両脇）
□⑩ 実家のべつむねに住む。（別棟）
□⑪ 外科のびょうとうに入院する。（病棟）
□⑫ 予算のわくないで収める。（枠内）
□⑬ きょうこくに造られたダム。（峡谷）
□⑭ ひがたで貝をとる。（干潟）
□⑮ あいいろの帯を締める。（藍色）
□⑯ 着物のたんものを買う。（反物）
□⑰ 川のあさせで水遊びをする。（浅瀬）
□⑱ 江戸時代のにしきえを集める。（錦絵）
□⑲ 時候の挨拶「きんしゅうの候」。（錦秋）
□⑳ じゅんすいな心のもち主。（純粋）
□㉑ いきな計らいができる人。（粋）
□㉒ つぶらなひとみ。（瞳）
□㉓ 両目のどう孔《こう》が開く。（瞳）
□㉔ 将軍にえっけんする。（謁見）
□㉕ 枝にまゆだまを飾る。（繭玉）
□㉖ 箱のじょうまえをこじ開ける。（錠前）
□㉗ かんじゃを診察する。（患者）
□㉘ 白黒のごいしを交互に並べる。（碁石）
□㉙ こうおつをつけがたい。（甲乙）
□㉚ やきんの技術を学ぶ。（冶金）
□㉛ 実験でりゅうさんを使う。（硫酸）

漢字に親しもう 1

教 40ページ

□① 仕事のほうしゅうを受け取る。（報酬）
□② 要求をきゃっかする。（却下）
□③ 政党のはばつ争いが激化する。（派閥）
□④ ばいしょうきんを受け取る。（賠償金）
□⑤ 市がかんかつする仕事。（管轄）
□⑥ 地価がこうとうする。（高騰）
□⑦ 深山ゆうこく（幽谷）
□⑧ 換骨だったい（脱胎）
□⑨ 情状しゃくりょう（酌量）
□⑩ 正気のさたとは思えない。（沙汰）
□⑪ ろうでんによる火災が発生する。（漏電）
□⑫ 水道の水がもれる。（漏）

間違えやすい漢字は□の色が赤いよ!

□⑬ そっこうを掃除して排水を促す。（側溝）
□⑭ 排水用のみぞを掘る。（溝）
□⑮ 大雨でこうずいが起こる。（洪水）
□⑯ 刀をとぐ。（研）
□⑰ 健康をそこねないよう注意する。（損）
□⑱ おのれの本分を尽くす。（己）
□⑲ 研究結果をおおやけにする。（公）
□⑳ 夜が明けそめる時刻。（初）

作られた「物語」を超えて

教 42～49ページ

□① きょうぼう性を発揮する。（凶暴）
□② 空に向けてじゅうを発射する。（銃）
□③ ゆうそうな行進曲。（勇壮）
□④ ひさんな戦場の光景。（悲惨）
□⑤ おうべい諸国を歴訪する。（欧米）
□⑥ 犬をくさりでつなぐ。（鎖）
□⑦ 江戸時代のさこく政策。（鎖国）
□⑧ 成果をこちょうして伝える。（誇張）
□⑨ 功績をほこる。（誇）
□⑩ 国際ふんそうが続く。（紛争）
□⑪ まぎらわしい言い方をする。（紛）
□⑫ 考えをめぐらす。（巡）
□⑬ 医師が院内をじゅんかいする。（巡回）
□⑭ 人々が行きかう。（交）

漢字に親しもう 2

教 60ページ

□① 都内ぼうしょで会合する。（某所）
□② 卵白をあわ立てる。（泡）
□③ 計画がすいほうに帰する。（水泡）
□④ チーム内でしんぼくを深める。（親睦）
□⑤ 会社のどうりょうと食事する。（同僚）
□⑥ ぞうきんを固く絞る。（雑巾）
□⑦ 不快なにおいが漂う。（臭）
□⑧ 無味むしゅうの液体。（無臭）
□⑨ 部屋中がくさい。（臭）
□⑩ すいそうでメダカを飼う。（水槽）
□⑪ 担任とこんだんする。（懇談）
□⑫ 初志かんてつする。（貫徹）

□⑬ 質素けんやくを心がける。（倹約）
□⑭ はくらいの家具を買う。（舶来）
□⑮ たんていが事件を解決する。（探偵）
□⑯ 出家してそうりょになる。（僧侶）
□⑰ 名画をもほうする。（模倣）
□⑱ 事件のほったんを説明する。（発端）
□⑲ 茶道のそうけを継ぐ。（宗家）
□⑳ じゅみょうを延ばす。（寿命）
□㉑ あの作家は父のじっけいだ。（実兄）
□㉒ 大名のこくだかを調べる。（石高）

報道文を比較して読もう　教 64〜68ページ

□① 優勝チームのひょうしょうしき。（表彰式）
□② 問題がたきにわたる。（多岐）
□③ 来月のじょうじゅんに帰国する。（上旬）
□④ しゅんの野菜を食べる。（旬）
□⑤ 生徒会長にすいせんする。（推薦）
□⑥ 友人に良書をすすめる。（薦）
□⑦ 身柄をこうそくする。（拘束）
□⑧ 社員のたいぐう改善を求める。（待遇）
□⑨ 大学のじゅんきょうじゅ。（准教授）
□⑩ 地域の発展にこうけんする。（貢献）
□⑪ 夕食のこんだてを考える。（献立）
□⑫ かいぎてきな視線を向ける。（懐疑的）
□⑬ 日本語と英語がへいきされる。（併記）
□⑭ 強さと弱さをあわせ持つ。（併）

俳句の可能性　教 70〜73ページ

□① 転んでひざを擦りむく。（膝）
□② かろやかに踊る。（軽）

言葉1　和語・漢語・外来語　教 78〜79ページ

□① 芝居でさむらいの役をする。（侍）
□② 天皇のじじゅうとなる。（侍従）
□③ よいの明星が輝く。（宵）
□④ たきつぼに潜る。（滝）
□⑤ 広大なくわばたけを歩く。（桑畑）
□⑥ 国に対してそしょうを起こす。（訴訟）
□⑦ さいけん者の土地を返す。（債権）

間違えやすい漢字は□の色が赤いよ!

□⑧ 選手のねんぽうを推定する。（年俸）
□⑨ 経営がはたんする。（破綻）
□⑩ スカートの裾がほころびる。（綻）
□⑪ 不都合な事実をいんぺいする。（隠蔽（蔽））
□⑫ 工事がしんちょくする。（進捗（捗））
□⑬ おろしうり業を営む。（卸売）
□⑭ 仕入れた品物を安くおろす。（卸）

「私の一冊」を探しにいこう

教 82〜87ページ

□① はがねのような意志。（鋼）
□② 空がくもる。（曇）
□③ 雨になりそうなどんてんだ。（曇天）
□④ 春のあらしが吹き荒れる。（嵐）
□⑤ 生肉の匂いをかぐ。（嗅（嗅））
□⑥ きゅうかくが鋭い犬。（嗅（嗅）覚）
□⑦ ピアノのけんばん。（鍵盤）
□⑧ 感情がうずを巻く。（渦）

故郷

教 98〜113ページ

□① ひっそりかんとした教室。（閑）
□② 眼前に広がるこん碧《ぺき》の海。（紺）
□③ やとい人に用事を頼む。（雇）
□④ 会社のこよう制度を見直す。（雇用）
□⑤ つやのある声で歌う。（艶）
□⑥ 孫をできあいする。（溺（溺）愛）
□⑦ 川でおぼれそうになる。（溺（溺））
□⑧ 髪の毛をゆわえる。（結）
□⑨ ちくしょうと悪態をつく。（畜生）
□⑩ 家の周りをへいで囲む。（塀）
□⑪ 壁にペンキをぬる。（塗）
□⑫ 二色のとりょうを混ぜる。（塗料）
□⑬ びんぼうを苦にしない。（貧乏）
□⑭ 音楽の才能がとぼしい。（乏）
□⑮ さいふを落とす。（財布）
□⑯ お使いのだちんをもらう。（駄賃）
□⑰ 商家のだんなさま。（旦那様）

□⑱ がんたんに神社を参拝する。（元旦）
□⑲ 恩師をしたって集まる。（慕）
□⑳ 先生をけいぼする。（敬慕）
□㉑ 感覚がま痺《ひ》する。（麻）
□㉒ 夏用のあさのジャケットを着る。（麻）
□㉓ 英雄をすうはいする。（崇拝）

言葉2 慣用句・ことわざ・故事成語　教 117〜118ページ

□① 野生のさるが畑を荒らす。（猿）
□② 二人はけんえんの仲だ。（犬猿）
□③ 決勝戦にこまを進める。（駒）
□④ 自らこけつに入って功をたてる。（虎穴）
□⑤ とらの尾を踏む。（虎）
□⑥ ごえつが相争う。（呉越）

漢字2 漢字の造語力　教 119〜121ページ

□① ふへん性を備えた作品。（普遍）
□② 売買のけいやくを結ぶ。（契約）
□③ 一刻のゆうよもならない。（猶予）
□④ 産業はいきぶつの問題。（廃棄物）
□⑤ すたれた町を復興する。（廃）
□⑥ 昨日の事件を話題にのぼせる。（上）
□⑦ かぶきは日本の伝統芸能だ。（歌舞伎）
□⑧ お昼のきゅうけいを取る。（休憩）
□⑨ いこいの場でくつろぐ。（憩）
□⑩ 体力をしょうもうする。（消耗）
□⑪ 大きな国にれいぞくする。（隷属）
□⑫ 事件をこくめいに再現する。（克明）
□⑬ 心得違いもはなはだしい。（甚）
□⑭ 公衆の面前でぶじょくされる。（侮辱）
□⑮ ひどい仕打ちにふんがいする。（憤慨）
□⑯ ぼんような生き方を選ぶ。（凡庸）
□⑰ 反逆者をほうちくする。（放逐）
□⑱ しょみんの暮らしを守る。（庶民）
□⑲ ふしょうじの後始末をする。（不祥事）
□⑳ 役員をひめんされる。（罷免）
□㉑ 反乱軍をちんあつする。（鎮圧）
□㉒ じょうみゃく注射を打つ。（静脈）

間違えやすい漢字は□の色が赤いよ!

□㉓ 生産量がぜんぞうする。（漸増）
□㉔ 地震で地盤がりゅうきする。（隆起）
□㉕ じょじょう的な詩歌。（叙情）
□㉖ 犯人をたいほする。（逮捕）
□㉗ 社長れいじょうと食事する。（令嬢）
□㉘ 組織のちゅうすうで働く。（中枢）
□㉙ 和洋せっちゅうの家。（折衷）
□㉚ 綱紀しゅくせいを図る。（粛正）
□㉛ 質実ごうけんな気風。（剛健）
□㉜ 戸籍とうほんを申請する。（謄本）
□㉝ 役立たずなきじょうの空論。（机上）
□㉞ 売上をむなざんようする。（胸算用）
□㉟ 新企画がおくらいりする。（蔵入）
□㊱ ひつぜつに尽くしがたい惨状。（筆舌）
□㊲ 世の中のじもくを集める。（耳目）
□㊳ みぞうの災害に対処する。（未曽有）
□㊴ そうそふの墓に参る。（曽祖父）
□㊵ 大いにめんぼくを施す。（面目）
□㊶ あたいせんきんのホームラン。（値千金）
□㊷ 宿題のすけ太刀《だち》を頼む。（助）

漢字に親しもう３

教 122ページ

□① へいそくかんに悩まされる。（閉塞感）
□② 難攻不落のようさいを落とす。（要塞）
□③ 壁の穴をふさぐ。（塞）
□④ 心のかっとうを乗り越える。（葛（葛）藤）
□⑤ 見事なふじの花が咲く。（藤）
□⑥ 作品をしんらつに批評される。（辛辣）
□⑦ ゆううつな日々を過ごす。（憂鬱）
□⑧ 作品の出来映えをほめる。（褒）
□⑨ しいてきな解釈をする。（恣意的）
□⑩ しゅうち心のかけらもない人。（羞恥）
□⑪ いしょうを凝らした器。（意匠）
□⑫ 音楽にてんぷの才能を示す。（天賦）
□⑬ 老母をふようする。（扶養）
□⑭ かもくで穏やかな人柄。（寡黙）
□⑮ 不足分をてきぎ補う。（適宜）

□⑯ がくせいりょうに入居する。（学生寮）

□⑰ 俳句雑誌をしゅさいする。（主宰）

□⑱ じようのある食べ物。（滋養）

□⑲ さいえんといわれる女性。（才媛）

□⑳ じょうもん文化を学ぶ。（縄文）

人工知能との未来

教124～125／128～129ページ

□① しょうぎを指す。（将棋）

漢字に親しもう４

教134ページ

□① かっしょくに焼けた肌。（褐色）

□② こはんのホテルの泊まる。（湖畔）

□③ ほのおを上げて燃える。（炎）

□④ えんてんかでの熱中症に注意。（炎天下）

□⑤ せきつい動物の種類。（脊椎）

□⑥ あねったいで栽培される果物。（亜熱帯）

□⑦ 緩いこうばいの坂道。（勾配）

□⑧ 飛行機がせんかいする。（旋回）

□⑨ さんろくの村に住む。（山麓）

□⑩ ふもとの村で休む。（麓）

□⑪ 試合でくはいをなめる。（苦杯）

□⑫ 別れのさかずきを交わす。（杯）

□⑬ 賛美歌をえいしょうする。（詠唱）

□⑭ きょうしゅうを誘う歌。（郷愁）

□⑮ 故人へのあいとうの意を表す（哀悼）

□⑯ たいだな生活を改める。（怠惰）

□⑰ むごさにせんりつを覚える。（戦慄）

□⑱ 妹のこもりをする。（子守）

□⑲ こわいろをまねる九官鳥。（声色）

□⑳ 氷をいわむろに保管する。（岩室）

□㉑ 花粉症でじびかに通う。（耳鼻科）

□㉒ 思考のめいろに入り込む。（迷路）

初恋

教140～141ページ

□① はつこいの思い出。（初恋）

□② 遠く離れた故郷がこいしい。（恋）

□③ れんあい小説を読む。（恋愛）

□④ 亡き母をこう歌。（恋）

間違えやすい漢字は□の色が赤いよ!

君待つと――万葉・古今・新古今　教 148〜153ページ

□① 「こきん和歌集」を読む。（ 古今 ）
□② ころも替えをする。（ 衣 ）
□③ とうとい身分の人々。（ 貴 ）
□④ 「玉のお」とは命のたとえ。（ 緒 ）
□⑤ いっしょに歩く。（ 一緒 ）
□⑥ じょうちょを育む。（ 情緒 ）

夏草――「おくのほそ道」から　教 154〜162ページ

□① 山のべっそうで過ごす。（ 別荘 ）
□② 新たなかどでを祝う。（ 門出 ）

誰かの代わりに　教 166〜171ページ

□① あやういところを助かる。（ 危 ）

漢字3　漢字のまとめ　教 174〜175ページ

□① 戯曲のこうがいをまとめる。（ 梗概 ）
□② コンクリートのはしげた。（ 橋桁 ）
□③ さんばしに船をつける。（ 桟橋 ）
□④ 知識をどんよくに吸収する。（ 貪欲 ）
□⑤ 利益をむさぼる。（ 貪 ）
□⑥ しゅうわいの罪で逮捕する。（ 収賄 ）
□⑦ 部費で遠征費をまかなう。（ 賄 ）
□⑧ えつらくにひたる。（ 悦楽 ）
□⑨ おんねんを晴らす。（ 怨念 ）
□⑩ 社員のいろう会を開く。（ 慰労 ）
□⑪ 友人をなぐさめる。（ 慰 ）
□⑫ さぎの被害に遭う（ 詐欺 ）
□⑬ 恩師のふほうを受け取る。（ 訃報 ）
□⑭ 事故の原因をせんさくする。（ 詮索 ）
□⑮ 事故のぎせいになる。（ 犠牲 ）
□⑯ 花はくれない、柳は緑。（ 紅 ）
□⑰ ゲームにちまなこになる。（ 血眼 ）
□⑱ 一族のうじがみ様をまつる。（ 氏神 ）
□⑲ 政府高官をだんがいする。（ 弾劾 ）
□⑳ たんこうで落盤事故が起こる。（ 炭坑 ）
□㉑ ぞうげで作られた印鑑。（ 象牙 ）
□㉒ 対戦相手にきばをむく。（ 牙 ）
□㉓ 氷のゆうてんは零度だ。（ 融点 ）

□㉔ 才能にしっとする。（嫉妬）

□㉕ 祝賀会のしきしだい。（式次第）

□㉖ 一朝いっせきには上達しない。（一夕）

□㉗ ぼうじゃく無人に振る舞う。（傍若）

□㉘ うるところの多い勉強会。（得）

□㉙ 不幸なおい立ちを話す。（生）

□㉚ 神をもおそれぬ行為。（畏）

□㉛ いけいの念を抱く。（畏敬）

□㉜ 予算をついやす。（費）

□㉝ 祝辞をたまわる。（賜）

□㉞ 歴史をさかのぼる。（遡）

□㉟ 三味線とながうたを習う。（長唄）

□㊱ 被災地のきゅうじょうを訴える。（窮状）

□㊲ 汚職議員をきゅうだんする。（糾弾）

□㊳ 子供に安全ながんぐを選ぶ。（玩具）

□㊴ 川のなかすで釣りをする。（中州）

□㊵ 犯罪者に当然のそちを取る。（措置）

□㊶ こがね色の麦畑。（黄金）

□㊷ かんぬしにおはらいを頼む。（神主）

□㊸ はいはん置県（廃藩）

□㊹ げかの医師を志す。（外科）

□㊺ きんき地方を旅する。（近畿）

□㊻ 寺でしゅぎょうする。（修行）

□㊼ 商売上でのかたき同士。（敵）

□㊽ 敵軍の大将をうち取る。（討）

□㊾ わざわいを避ける。（災）

□㊿ 東京きんごうの農家。（近郷）

□(51) 勉強しろとしりをたたく。（尻）

□(52) いくさを仕掛ける。（戦）

□(53) ぜにもうけをたくらむ。（銭）

漢字に親しもう５

教 176ページ

□① コンテストのざんてい一位。（暫定）

□② 世界せいふくの野望をもつ。（征服）

□③ 心身のたんれんを積む。（鍛錬(練)）

□④ お寺でざぜんを組む。（座禅）

□⑤ 夏の夕暮れにかばしらが立つ。（蚊柱）

間違えやすい漢字は□の色が赤いよ!

□⑥ しゅいろの筆で書く。（朱色）

□⑦ しぶがきを干す。（渋柿）

□⑧ 江戸時代のかわらばん。（瓦版）

□⑨ 記念のせきひをたてる。（石碑）

□⑩ 家のたてつぼを調べる。（建坪）

□⑪ ほうがくの演奏を聴く。（邦楽）

□⑫ 有名な金剛力士のそぞう。（塑像）

□⑬ 信用がしっついする。（失墜）

□⑭ だらくした政治を立て直す（堕落）

□⑮ 竹のかきねで囲う。（垣根）

□⑯ ぼうおんの徒と成り果てる。（忘恩）

□⑰ 制服をたいよする。（貸与）

□⑱ はなぞのの手入れをする。（花園）

□⑲ 「こんじゃく物語」を読む。（今昔）

□⑳ 理解にしんせんがある。（深浅）

エルサルバドルの少女 ヘスース　教 178～187ページ

□① 格差をぜせいする。（是正）

□② せいさんな事件の現場。（凄惨）

□③ いっちょうらを着て面接に行く。（一張羅）

□④ 仕事をやめる。（辞）

□⑤ 運命にほんろうされる。（翻弄）

□⑥ 人の気持ちをもてあそぶ。（弄）

紛争地の看護師　教 188～190ページ

□① ざんこくな結末。（残酷）

わたしを束ねないで　教 200～203ページ

□① いなほが金色に輝く。（稲穂）

□② こんちゅうの標本。（昆虫）

常用漢字表について　教 286～287ページ

□① 大熊座のほくとしちせい。（北斗七星）

□② 日本酒のいっしょう瓶。（一升）

□③ 原稿用紙のますめ。（升目）

□④ 食パンをいっきん買う。（一斤）

□⑤ くぶくりん成功するはずだ。（九分九厘）

□⑥ 金いちまんえん也《なり》と書く。（壱(一)万円）

□⑦ 金にまんえん也《なり》と書く。（弐(二)万円）

□⑧ 「ちんは国家である」。（朕）

□⑨ 皇太子ひとなる。（妃）

□⑩ おうこう貴族に列する。（王侯）

□⑪ はくしゃくの位階を得る。（伯爵）

□⑫ 皇帝がぎょくじを押す。（玉璽）

□⑬ 即位後、たいかん式に臨む。（戴冠）

□⑭ 天皇のしょうちょくを読む。（詔勅）

□⑮ おもしろく、かつためになる。（且）

□⑯ 入場無料、ただし子供に限る。（但）

□⑰ 検事としてほうそうの道に進む。（法曹）

□⑱ 条約のやっかんに違反する。（約款）

□⑲ おんしゃで減刑される。（恩赦）

□⑳ 学校に本をきふする。（寄附（付））

□㉑ 源氏のちゃくりゅう。（嫡流）

□㉒ 大名のししが家督を相続した。（嗣子）

□㉓ 戸籍しょうほんを取り寄せる。（抄本）

□㉔ 空き巣はせっとうの一つだ。（窃盗）

□㉕ ゆうかい犯を逮捕する。（誘拐）

□㉖ 名誉きそんで訴える。（毀（棄）損）

□㉗ きんこ三年に処す。（禁錮（固））

□㉘ 曽祖父は陸軍しょういだった。（少尉）

□㉙ 戦時中、げんすいに昇進した。（元帥）

□㉚ いんこう科に通院する。（咽喉）

□㉛ かんせんからあせを出す。（汗腺）

□㉜ 病気の予防にしゅとうを打つ。（種痘）

□㉝ せきりは感染症の一つだ。（赤痢）

□㉞ にんしん三か月と診断される。（妊娠）

□㉟ 敵のごうもんに耐える。（拷問）

□㊱ 自衛隊のちゅうとん地。（駐屯）

□㊲ 戦時中、りょしゅうの身となる。（虜囚）

□㊳ 議論のもうてんを突く。（盲点）

□㊴ 不都合なものをはいせきする。（排斥）

□㊵ 歯並びをきょうせいする。（矯正）

□㊶ しょうさんナトリウムをまく。（硝酸）

□㊷ ばんゆうを振るう。（蛮勇）

□㊸ ていしゅくな妻。（貞淑）

□㊹ 親友にぐちをこぼす。（愚痴）

間違えやすい漢字は□の色が赤いよ!

□㊺ 明治時代に発足したていしん省。（逓信）

□㊻ いっせきのタンカーが着岸した。（一隻）

□㊼ 長く白いひげのろうおう。（老翁）

□㊽ 父母の弟を「しゅくふ」という。（叔父）

□㊾ ろうばに席を譲る。（老婆）

□㊿ どれいを解放する。（奴隷）

□51 花の香りがびこうをかすめる。（鼻孔）

□52 しょくりょうは主に主食を指す。（食糧）

□53 高波のおそれがある。（虞）

□54 街道のいちりづか。（一里塚）

□55 あまとなって仏に仕える。（尼）

□56 甲・乙・へい・丁。（丙）

□57 じゃいんを戒める。（邪淫（淫））

□58 だいかんみんこくを旅する。（大韓民国）

□59 彼女はしょうけいの的だ。（憧憬）

□60 船のうげんに立つ。（右舷）

□61 悪の道からかくせいする。（覚醒）

□62 しっそう事件を解決する。（失踪）

□63 麦で作られたしょうちゅう。（焼酎）

□64 一つ目小僧は日本のようかいだ。（妖怪）

□65 あやしい魅力をもつ女性。（妖）

□66 何者かにらちされる。（拉致）

□67 わいろを要求する。（賄賂）

□68 畑にうねを作る。（畝）

□69 かけ事を禁止する。（賭（賭））

□70 旧暦の三月を「やよい」という。（弥生）

□71 るり色にかがやく器。（瑠璃）

□72 衝突したせつな、気を失う。（刹那）

□73 敵のかんていを爆撃する。（艦艇）

□74 中国から伝わったじゅきょう。（儒教）

□75 刑務所のしゅうじんたち。（囚人）

□76 じゅんしょくした消防士。（殉職）

□77 師のせいきょの報を受け取る。（逝去）

2年生で学習した漢字

□① 新しい職場にふにんする。（赴任）
□② かんげいの会を開く。（歓迎）
□③ きょくたんな考え。（極端）
□④ 荷物を箱につめる。（詰）
□⑤ おもむきぶかい庭。（趣深）
□⑥ プールをはいすいする。（排水）
□⑦ かこんを残す。（禍根）
□⑧ ちつじょ正しい生活。（秩序）
□⑨ ありえない世界をもうそうする。（妄想）
□⑩ けいたい電話で通話する。（携帯）
□⑪ はいけい、お元気ですか。（拝啓）
□⑫ 大雨で道路がかんすいする。（冠水）
□⑬ けんちょな特徴が見られる。（顕著）
□⑭ 話し方にかんきゅうをつける。（緩急）
□⑮ やわらかいおかゆを食べる。（軟）
□⑯ いりょう現場で働く。（医療）
□⑰ じぜん活動に熱心な人。（慈善）
□⑱ 人口がほうわ状態になる。（飽和）
□⑲ 避難かんこくが出される。（勧告）
□⑳ けいじばんにポスターを貼る。（掲示板）
□㉑ ていねいな言葉遣いを心掛ける。（丁寧）
□㉒ あざやかな色彩の絵。（鮮）
□㉓ こつずい移植を受ける。（骨髄）
□㉔ 忠告をしんしに受け止める。（真摯）
□㉕ じゅようと供給の関係。（需要）
□㉖ 言葉をにごす。（濁）
□㉗ れいとう食品を購入する。（冷凍）
□㉘ ちみつに計算された計画。（緻密）
□㉙ あいさつを欠かさない。（挨拶）
□㉚ こくひんとしてもてなす。（国賓）
□㉛ 思わぬへいがいが起こる。（弊害）
□㉜ 失礼をちんしゃする。（陳謝）
□㉝ 委員会にはかる。（諮）
□㉞ きんこうが破れる。（均衡）
□㉟ 繁栄をきょうじゅする。（享受）

間違えやすい漢字は□の色が赤いよ!

□㊱ 生産かじょうな商品。（過剰）
□㊲ ぼうだいな作業。（膨大）
□㊳ 権利をほうきする。（放棄）
□㊴ 建物がほうかいする。（崩壊）
□㊵ 戦争がぼっぱつする。（勃発）
□㊶ 講師を外部にいしょくする。（委嘱）
□㊷ 聞くにしのびない話。（忍）
□㊸ 偉人のいつわを集める。（逸話）
□㊹ 失態をちょうしょうされる。（嘲(嘲)笑）
□㊺ へいぼんな顔立ち。（平凡）
□㊻ 事件にしょうげきを受ける。（衝撃）
□㊼ ひたんに暮れる。（悲嘆）
□㊽ どうくつを探検する。（洞窟）
□㊾ ちっそは肥料の原料となる。（窒素）
□㊿ ホルモンのぶんぴつを促す。（分泌）
□51 ひよくな土地。（肥沃）
□52 ぜつめつが危惧される動物。（絶滅）
□53 ごうかな装飾。（豪華）
□54 みけんにしわを寄せる。（眉間）
□55 店のていしゅ。（亭主）
□56 選手団がとうちゃくする。（到着）
□57 食事の材料をととのえる。（調）
□58 依頼をしょうだくする。（承諾）
□59 川がはんらんする。（氾濫）
□60 我が子をほうようする。（抱擁）
□61 自動車のめんきょを取る。（免許）
□62 病で体がやせる。（痩）
□63 ひふがかぶれる。（皮膚）
□64 発言をてっかいする。（撤回）
□65 ふきゅうの名作。（不朽）
□66 あいまいな表現を避ける。（曖昧）
□67 新聞記事をこうえつする。（校閲）
□68 名人のほまれ高い人。（誉）
□69 悪人をこらしめる。（懲）
□70 つつしんで哀悼の意を表す。（謹）
□71 かたよった考えを捨て去る。（偏(片寄)）